本成果受北京语言大学校级项目资助（中央高校基本科研业务费专项资金）
（项目批准号：21YBB05）

Research on Outward Foreign Direct Investment of Chinese Enterprises

中国企业对外直接投资研究

基于宏观和微观视角

陈胤默 / 著

中国经济出版社
CHINA ECONOMIC PUBLISHING HOUSE
·北京·

图书在版编目（CIP）数据

中国企业对外直接投资研究：基于宏观和微观视角／陈胤默著．--北京：中国经济出版社，2022.5
ISBN 978-7-5136-6920-7

Ⅰ.①中… Ⅱ.①陈… Ⅲ.①企业-对外投资-直接投资-研究-中国 Ⅳ.①F279.23

中国版本图书馆 CIP 数据核字（2022）第 077249 号

责任编辑 牛慧珍
责任印制 马小宾
封面设计 任燕飞

出版发行 中国经济出版社
印 刷 者 北京建宏印刷有限公司
经 销 者 各地新华书店
开 本 710mm×1000mm 1/16
印 张 13
字 数 165 千字
版 次 2022 年 5 月第 1 版
印 次 2022 年 5 月第 1 次
定 价 88.00 元
广告经营许可证 京西工商广字第 8179 号

中国经济出版社 **网址** www.economyph.com **杜址** 北京市东城区安定门外大街 58 号 **邮编** 100011
本版图书如存在印装质量问题，请与本社销售中心联系调换（联系电话：010-57512564）

对外直接投资的中国故事

自 1978 年改革开放以来，中国政府实施了积极融入国际大循环的发展战略。这主要表现在：一是充分利用人口红利优势，大力发展劳动密集型产业；二是大力引入外商直接投资；三是发展“两头在外、大进大出”的加工贸易。事实上，改革开放初期的外商直接投资，投资重点恰恰就是从事加工贸易的劳动密集型产业。这一时期的外商直接投资，为中国政府成功实施出口导向发展战略、积极融入经济全球化做出了重要贡献。此外，外商直接投资也为中国引入了先进技术与管理经验，培育了大量优质人力资本，并且通过引入竞争，成功地促进了中国国有企业与民营企业的发展。

随着中国经济的高速增长、产业的升级换代以及企业的发展壮大，在 21 世纪初期，尤其是自 2008 年全球金融危机爆发后，中国政府开始鼓励国内企业“走出去”，中国企业的对外直接投资开始快速增长。尤其是在 2016 年，中国的对外直接投资流量首次超过外商直接投资流量，这意味着中国第一次成为直接投资的净输出国。

在改革开放初期，来中国投资设厂的外商主要是看重中国的廉价劳动力优势。通过在海外进口原材料与中间产品，在中国完成加工装配，并将产成品出口到欧美等成熟市场，外资企业可以将加工装配环节的成本最小化。中国也由此成长为“世界工厂”。然而随着中国人均收入的上升，在廉价劳动力方面的比较优势逐渐下降，单纯从事加工贸易的外商直接投资逐渐式微，更多的外商直接投资越来越看重中国国内市场的价值。随着中国人均收入的上升，考虑到中国庞大的人口规模，中国正在成长为全球最重要的消费市场。外商直接投资的驱动力逐渐由成本驱动转变为市场驱动。

有趣的是，中国企业对外直接投资的动机与外商来华直接投资的动机有着显著区别。前者主要可以归于以下三类：第一，随着中国经济的增长，中国对进口大宗商品的依赖程度日益加深。国外大宗商品的可获得性以及价格日益成为影响中国企业盈利能力的重要因素。在此背景下，自然有越来越多的中国企业到海外投资大宗商品生产行业，以保证充足且成本稳定的大宗商品供应，这类对外直接投资的动机可称为“资源获取型”。第二，不少中国企业到发达国家进行兼并收购的目的，是获得发达国家企业的先进技术，并将这些技术输送回国内，以提高母公司的竞争能力，这类对外直接投资的动机可称为“技术获取型”。第三，随着中国出口在全球市场上的份额逐渐提升，不少国家对于中国商品的抵制愈演愈烈，因此，到最终消费市场直接投资设厂，可以规避进口国针对中国出口的关税与非关税贸易壁垒，这类对外直接投资的动机可称为“壁垒规避型”。

当然，随着中国经济、产业与企业的进一步发展壮大，不少中国企业为了降低生产成本，也开始选择到劳动力成本更低的国家（例如东南亚国家、非洲国家等）投资设厂，并将最终产品销售到全球市场，甚至返销中国国内。此外，国内一些在全球范围内拥有较强竞争力的行业（例如基础设施建设、工程机械制造、高铁制造等），也开始在海外投资设厂。这两类企业对外直接投资的动机与外商来华直接投资的动机，自然更为相似。

在中国企业对外直接投资规模不断扩大的过程中，也出现了如下一些共性问题：第一，一些中国企业在海外开展直接投资前，没有进行缜密的环境评估与尽职调查，没有进行细致的成本收入核算，导致投资出现大幅亏损，最终难以为继。第二，一些中国企业在海外的直接投资没有很好地履行社会责任，没有给当地社区做出实质贡献，甚至加剧了当地的环境污染与资源枯竭，从而引发了来自东道国各方面的批评与抵制。第三，一些中国企业为了在海外获得特定业务，存在相互之间恶意竞争的现象，交替抬价导致最终报价远超合理水平。第四，由于中国政府对海外直接投资的管制显著弱于对短期资本流出的管制，导致一些中国企业通过对外直接投资的伪装实现事实上的资本外逃。

正是由于看到了这些问题，从 2016 年起，中国政府开始对海外直接投资业务进行全方位规范，同时显著收紧了对各种类型资本外流的管制，这自然也包括对外直接投资。从 2017 年起，中国对外直接投资流量出现了较大幅度的下降。

2012 年 10 月至 2020 年 10 月，笔者在中国社会科学院世界经济与政治研究所（简称世经政所）国际投资研究室工作了八年时间。世经政所国际投资研究室团队的主要研究领域就是国际直接投资，尤其是对外直接投资。我们的研究问题覆盖了中国企业对外直接投资的特征事实、驱动因素、绩效评估、管理体制等。尤其值得一提的是，世经政所国际投资研究室团队最重要的旗舰产品，是从 2014 年至今连续发布的《中国海外投资国家风险评级报告》（CROIC-IWEP）。这个报告每年出版一期，致力于对中国海外投资的目的国进行全面、深入、动态的国别风险评估。随着时间的推移，该报告覆盖的国家数量越来越多、指标体系越来越全面、社会影响力也越来越大。迄今为止，该报告已经四次入选中国社会科学院创新工程年度重大项目、四次入选中国社会科学院优秀国家智库报告。

2019 年夏季，陈胤默作为我的博士后学生加入了世经政所国际投资研究室团队。她不仅深入参加了《中国海外投资国家风险评级报告》项目，还针对中国对外直接投资开展了系统深入的研究。胤默在中国人民大学商学院经历了系统的财务金融训练，对开展企业层面的微观研究非常熟悉。来到世经政所后，她在政策研究方面开阔了视野，在宏观研究方法论与技术方面提升很快。这为她采用宏观加微观的方法来开展中国对外直接投资研究奠定了基础。而摆在读者面前的这本著作，就是胤默过去几年相关研究的一个总结。

本书前四章为宏观部分。第一章梳理国际直接投资的相关理论与研究现状。第二章分析国际直接投资的发展历程、现状与前景。第三章聚焦中国对外直接投资的管理体制与政策演变。第四章则另辟蹊径，分析中国的涉外税务问题，这自然也与对外直接投资联系紧密。本书后四章为微观部分，分别分析了税收政策不确定性、经济政策不确定性、货币政策与融资约束、孔子学院对企业对外直接投资的影响。本书体现了胤默将学术研究与政策研究、宏观研判和微观分析结合起来的努力。当然，本书也存在一些缺陷与不足，例如宏观部分与微观部分的有机联系不够、微观部分的设计安排缺乏系统构思等。

作为我的第一位博士后学生，胤默在博士后工作期间以及随后和我的合作中，给我留下了深刻印象。第一，她的内驱力与行动力都很强，充满了对生活与研究的激情。第二，她在世经政所工作的两年期间，在所里各位老师的帮助下，无论是研究、写作、演讲还是个人形象，都发生了明显的蜕变。第三，她的团队合作能力很强，对小伙伴们具有令人惊讶的鼓动力，因此在我们的研究团队中扮演着重要角色。第四，她对待挑战和困难的韧性与坚强也令人感动。在博士后出站找工作的过程中，胤默经历了不小的挑战，但是她最终顽强且优雅地克服了。

在各个领域都在疯狂内卷的时代，本是一场漫长马拉松的学术研究，充满了更多的压力与诱惑，很容易让刚选择这个职业的年轻人感到无所适从，什么都想要而最终可能一无所得。结合自己的兴趣爱好与资源禀赋，给自己的研究方向定位，将远大目标与日常细节相结合，不断强化精进自己的观察、分析、表达能力，在工作之余享受生活、锻炼身体且丰满灵魂，才能把自己的研究做得独到且出色，把自己的生活过得充实且愉快。“日拱一卒，功不唐捐”。胤默已经有了一个很好的起点，希望她能找到适合自己的人生道路，不断快乐地工作与生活下去。

张　明

中国社会科学院金融研究所副所长、研究员

2022 年 3 月 20 日

PREFACE 序言

2015年，我到中国人民大学商学院攻读财务金融学博士学位，在完成第一年的博士课程学习后，开始构思博士论文的选题。在“一带一路”倡议下，当时正逢中国企业对外直接投资的高速发展阶段。出于兴趣，我开始关注企业对外直接投资的相关问题。我发现，在国际投资领域，学者多是从宏观和中观视角研究企业对外直接投资，而从微观视角进行企业对外直接投资的研究并不多见，这主要受企业对外直接投资微观数据可获得性的限制。而在财务金融学领域，从微观视角研究企业投资问题，是一个老生常谈的议题，而企业对外直接投资又是企业投资的一个重要方面。在此基础上，我萌发了将国际投资学和财务金融学进行交叉研究的想法。我发现，基于宏观和微观视角的企业对外直接投资问题，是一个有趣、有前景又有现实意义的研究领域。

2019年初，我从中国人民大学商学院毕业并获得管理学博士学位。在中国人民大学商学院非常系统、科学的培养下，我在理论和实证研究方面有了长进，但学习到的理论还不能有效地指导实践。我非常希望有一个平台可以让我有机会在实践方面深入了解企业对外直接投资。

非常幸运的是，在中国社会科学院世界经济与政治研究所（简称世经政所）王碧珺老师的引荐下，我加入了张明研究员的研究团队，在世经政所国际投资研究室从事了两年博士后研究工作。这两年，我学习到将理论研究、政策研究和市场研究三者相结合的研究方法，激发了我浓厚的学术研究兴趣。

本书共包含八章内容，记录了我对企业对外直接投资的研究历程，其是一段非常棒的学术研究经历。

第一章介绍了国际直接投资的理论发展与研究现状。我在世经政所连续两年参与了国际投资学综述的撰写。其中，“2017年国际投资学综述”收录于《世界经济年鉴2018》，“2019年国际投资学综述”收录于《世界经济年鉴2020》。学科综述的撰写工作帮助我系统地把握国际投资学的最新进展。本章部分收录了我参与撰写的国际投资学综述的内容。具体而言，本章分为两个部分，分别对企业对外直接投资的相关理论和文献进行梳理和总结，并对已有文献进行综合评述。第一部分主要总结了传统对外直接投资理论和发展中国家对外直接投资理论。第二部分从国际直接投资的研究进展和研究展望两个方面，对国际直接投资的相关文献进行梳理和总结。

第二章介绍了国际直接投资的发展历程、政策环境和前景展望。在博士后工作站的两年时间里，我每年都参与“国际直接投资形势回顾与展望”的分析工作，并形成文稿，它们分别收录于2020年和2021年的《世界经济黄皮书》中。这项工作帮助我从全球视角深刻把握国际直接投资的现状，并对国际直接投资的未来变动趋势有了自己的理解和判断。第二章收录了“国际直接投资形势回顾与展望”的部分内容。

第三章介绍了中国对外直接投资的发展历程、管理体制及政策演变。在进入世经政所之前，我对企业对外直接投资的政策理解一片空白。在张明老师的指导下，我开始着手梳理和总结中国企业对外直接投资政策。这项工作帮助我很好地理解了企业对外直接投资行为，该部分内容便收录于第三章中。

第四章分析了“一带一路”倡议下我国涉外税务问题。税收问题一直是中国企业“走出去”面临的重要问题，会直接影响对外直接投资企业的经营利润和投资意向。各国都在努力制定政策，监管和规范跨国公司的企业税收问题。我与张晓瑜、温权合作在《海外投资与出口信贷》上发表了《“一带一路”倡议下中国涉外税务问题研究》（2021 年第 1 期）。这篇文章基于“一带一路”倡议的大背景，分析我国涉外税务的发展现状，指出我国涉外税务发展存在企业所得税税率偏高、避免双重征税制度较为单一、间接抵免限制较多等问题。通过降低企业所得税税率，将现行避免双重征税制度由抵免法转为免税法，充分利用现有合作平台加强反避税监管等途径，为我国对外直接投资企业降税减负，助力企业“走出去”。

第五章基于不确定性视角，分析税收政策对企业对外直接投资决策的影响。对外直接投资企业会面临东道国和母国双重税收制度的影响。在梳理东道国税收制度及其影响之后，我们想看看母国的税收制度如何影响企业对外直接投资的决策行为。我与孙乾坤、文雯、张晓瑜合作在《世界经济研究》上发表了《母国税收政策不确定性与企业对外直接投资》（2019 年第 11 期）。这篇文章以 2004—2014 年中国 A 股上市企业为样本，基于母国视角，研究税收政策对企业对外直接投资的影响。研究结果表明，当税收政策不确定性上升时，企业对外直接投资的可能性会下降。进一步研究发现：银企关联和政府补贴可以缓解税收政策不确定性对企业对外直接投资的抑制作用；企业规模越小、成立时间越短、债务水平和税负水平越高，企业对外直接投资受税收政策不确定性的抑制作用越大；对外直接投资企业的总部所在省份 GDP 较高时，其对外直接投资受税收政策不确定性的影响较大。

第六章基于不确定性视角，分析经济政策对企业对外直接投资决策的影响。我与孙乾坤、文雯、黄雨婷合作在《国际贸易问题》上发表了《母国经济政策不确定性、融资约束与企业对外直接投资》（2019 年第 6 期）。研究发现：在母国，经济政策不确定性的上升会对企业对外直接投资产生抑制作用，且这一负面的影响效应在融资约束较强的企业中表现得更为明显；此外，在考虑企业国际化发展战略后，发现经济政策不确定性的增加还会对企业对外直接投资的深度产生抑制作用。

第七章基于融资约束视角，分析货币政策对企业对外直接投资决策的影响。这篇文章写于博士学习阶段。货币政策通过融资约束渠道对企业投资产生影响，是财务金融学领域研究的一个重要议题。但在当时来看，还鲜有文献从融资约束视角研究货币政策对企业对外直接投资的影响。我与文雯、孙乾坤、黄雨婷合作在《投资研究》上发表了《货币政策、融资约束与企业对外直接投资》（2018 年第 3 期）。本章以 2004—2014 年我国 A 股非金融类上市公司为样本，研究宏观货币政策与微观企业融资约束对企业对外直接投资决策的影响。研究发现，货币政策越宽松，企业对外直接投资的可能性越大；在货币政策紧缩期，企业对外直接投资受融资约束的抑制作用更加明显。进一步研究发现，融资约束对企业对外直接投资的抑制作用在金融危机后更为显著；且企业所处地区市场化程度越低、企业资本密集度越高、企业所处行业为制造业、企业与银行不存在关联关系时，企业对外直接投资受融资约束负向影响越大。

第八章从母国文化助推视角，考察了孔子学院对我国企业在“一带一路”沿线国家直接投资的影响。我与孙乾坤、张晓瑜合作在《国际贸易问题》上发表了《孔子学院促进中国企业对外直接投资吗——基于“一带一路”沿线国家面板数据的分析》（2017 年第 8 期）。基于 2004—2014 年我国 A 股非金融类上市企业数据，采用区位选择 Logit 模型进行研究，发现：第一，孔子学院对我国企业在“一带一路”沿线国家的直接投资具有积极的促进作用；第二，孔子学院有利于促进中华文化的传播与交流，降低中国与东道国因文化差异产生的负面影响；第三，孔子学院对我国企业在“一带一路”沿线与我国签订双边投资协定国家的直接投资的促进作用更为显著。进一步研究发现，孔子学院还通过影响留学生来华学习，进一步促进了我国企业对“一带一路”沿线国家的直接投资。

梳理和总结文稿的过程，也是复盘和总结过去五年研究的心路历程。罗马不是一天建成的，学者不是一天习成的，高质量论文也不是一朝一夕可以写成的。这些都需要经历不断地反思、复盘、总结、完善的过程。书中难免存在不足的地方，这些不足也是我继续努力的动力。

学术研究是场马拉松。从事学术研究，有时也是一件很苦闷的事情。非常幸运的是，无论是在中国人民大学商学院，还是在社科院世经政所，我都遇到了一群非常乐观、豁达、积极向上的师友。无论是在中国人民大学商学院与文雯同学、孙乾坤同学、黄雨婷师姐等同人自发组成的研究团队，还是在社科院世经政所参与张明研究员的宏观金融团队，都让我感受到合作研究的快乐和共同进步的愉悦。有幸加入一个开放、包容、快乐、进取的研究团队，也给我的研究提供了很大帮助。一个人走得快，一群人走得远。大家在相互鼓励、相互滋养的过程中共同成长，这也让我倍加珍惜。在此，我想向一直鼓舞和支持我的家人、老师和朋友们，表示深深的感谢！

陈胤默

2021 年 12 月 9 日

CONTENTS 目录

第一章

国际直接投资的理论发展与研究现状[①]

① 本章内容来自陈胤默（2021）：“经济政策不确定性对中国企业对外直接投资影响研究”，中国社会科学院博士后出站报告。

本章对国际直接投资的相关理论进行梳理和总结，并对未来研究方向进行展望。就国际直接投资的理论而言，本章主要总结了传统对外直接投资理论和发展中国家对外直接投资理论。就国际直接投资的研究现状而言，本章从国际直接投资研究的进展和展望两个方面，对国际直接投资研究的相关文献进行梳理和总结。

一、国际直接投资的理论发展

（一）传统对外直接投资理论

传统对外直接投资理论多从发达国家视角，研究其在特定时期的对外直接投资情况。该理论是伴随着发达国家（地区）的对外直接投资的发展而兴起的。具体理论分析如下。

1. 垄断优势理论

垄断优势理论由 Hymer（1969）提出，该理论认为竞争力较强的跨国企业具有可转移的特定垄断优势，诸如资金优势、技术优势、信息优势、规模经济优势、品牌优势等。跨国公司利用其自身具备的垄断优势，对东道国进行大规模海外投资和跨国经营。跨国企业的垄断优势可以帮助其在东道国获得超额利润，这一利润往往超过了其在国内生产经营所获得的利润。在利润驱动下，就产生了对外直接投资企业。

2. 内部化理论

内部化理论认为，对外直接投资行为实质上是企业为了降低信息不对称和交易成本而采取的一种内部化的生产经营行为。内部化理论具体是指在不完全市场环境下，跨国企业通过对外直接投资来实现利益最大化，以克服由于外部市场失效、垄断势力存在以及某类产品的特殊属性而导致的交易成本的增加。跨国企业将外部市场业务内部化到企业内进行生产经营，从而形成内部市场。

3. 产品生命周期理论

1966 年，哈佛大学教授雷蒙·维农（R. Vernoon）从动态角度解读企业对外直接投资，提出产品生命周期理论。产品的生命周期由创新、成熟和标准化三个阶段构成。企业往往不会选择在生命周期的第一阶段——创新阶段进行对外直接投资。在产品的创新阶段，产品的生产经营未进入标准化阶段，产品的生产经营需要不断地改进。该阶段产品的需求主体主要是美国这类型的高收入国家。在产品的成熟阶段，产品生产仍未进入标准化阶段，但产品的需求量急剧增加。此时，技术创新优势和市场垄断优势被削弱，产品的价格和成本竞争加剧。进入成熟阶段的美国跨国企业开始向西欧国家进行对外直接投资。当企业处于产品标准化阶段时，产品市场竞争加剧，成本和价格成为竞争的焦点，跨国企业在劳动力成本低廉的发展中国家生产标准化产品，并通过出口满足发达国家的消费需求。

4. 国际生产折衷理论

Dunning（1977，1995）在垄断优势理论、内部化理论的基础上，提出了国际生产折衷理论。该理论认为，企业进行对外直接投资时，只有同时具备所有权优势、内部化优势和区位优势时，企业才会进行投资。所有权优势是指企业拥有技术、资金、品牌和管理等可转移的特定优势；内部化优势是指在不完全的市场环境下，企业为了降低信息不对称和交易成本，跨国企业采取内部化的方式将可转移的特定优势转移到海外子企业以实现利润最大化；区位优势是指东道国在吸引外商直接投资时所具备的特定要素禀赋。

（二）发展中国家对外直接投资理论

随着发展中国家经济的快速发展，越来越多的对外直接投资企业来自发展中国家。传统对外直接投资理论多解释发达国家的海外投资经验，已无法解释发展中国家特别是新兴经济体的对外直接投资问题。由此，专门解释发展中国家对外直接投资行为的理论逐渐出现。

1. 小规模技术理论

小规模技术理论由 Wells（1983）提出。该理论认为，发展中国家的对外直接投资企业的优势在于，其劳动密集型的小规模生产技术、产品低价营销战略和民族产品，可以满足东道国的生产和需求。来自发达国家的跨国企业具有大市场规模和技术经济优势，但对小市场规模的国家而言，来自发达国家的跨国企业难以发挥其规模和技术经济优势，从而为来自发展中国家的跨国企业提供了发挥其小规模和技术优势的空间。

2. 技术当地化理论

技术当地化理论最早是由 Lall（1983）提出来的。该理论分析了印度跨国企业的投资动机和企业竞争优势等，发现发展中国家跨国企业虽然规模较小，常采用劳动密集型技术和标准化技术进行生产经营活动，但往往在其技术形成过程中包含了企业的内在创新活动，具体包括特定民族文化背景下的创新活动、特定消费者偏好下的创新活动和特定要素配置下的创新活动。

3. 投资发展阶段理论

基于人均 GNP 视角，Dunning 在 20 世纪 80 年代初提出了投资发展阶段理论。该理论认为，人均 GNP 与企业对外直接投资存在关联性，并将企业对外直接投资分为四个阶段。第一阶段：当一个国家的人均 GNP 小于等于 400 美元时，对外直接投资净值为零或为负。这是由于该时期对外直接投资企业未形成所有权优势。第二阶段：当一个国家的人均 GNP 处于 400~1500 美元时，企业较少进行对外直接投资，但是外商对该国的直接投资会增加。这是由于该时期对外直接投资企业尚未形成较强的所有权优势。但外资企业利用东道国资源和劳动力低廉的优势，进行资源密集型或劳动密集型的生产性投资。第三阶段：当一个国家的人均 GNP 处于 2000~4750 美元时，随着企业所有权和内部化优势的增强，专业化外商直接投资逐渐增加。第四阶段：当一个国家的人均 GNP 处于 2600~5600 美元时，对外直接投资企业开始逐渐具备所有权优势和内部化优势，该国开始进行对外直接投资，国际直接投资呈现净流出的现象。

二、国际直接投资的研究现状

本节回顾 2019 年度国际直接投资学研究的进展和研究方向。

（一）国际直接投资学研究进展①

为了整体把握 2019 年度国际直接投资学研究的进展，笔者采用 Cite Space 知识图谱分析方法，对本年度在 CSSCI（含 C 扩）和 SSCI 上发表的关于国际投资的文献进行可视化分析。Cite Space 是一款文献可视化分析软件，通过 Cite Space 能够进行作者、机构、关键词等不同节点类型的共现分析，探寻学科知识基础、研究进展和研究前沿①。为把握本年度国际投资学研究的选题方向，本文采用 Cite Space 重点分析了 2019 年度国际投资学研究的关键词特征。

本文以中国知网（CNKI）和 Web of Science（WoS）对文献进行检索。根

① 本小节见陈胤默：“2019 年国际投资学综述”，《世界经济年鉴 2020》，世界经济年鉴编辑委员会，中国社会科学出版社，第 328-343 页。

据研究领域范围，本文设定中文 CSSCI 的检索条件关键词为“对外直接投资”或“外商直接投资”；英文检索关键词为“outward foreign direct investment”“OFDI”，或“foreign direct investment”。获得初始样本后，剔除重复发表、与主题不符和无作者的文献。最终筛选出 392 篇 CSSCI 论文和 481 篇 SSCI 论文。其后，对本年度国际投资学研究关键词及关键词聚类分布进行分析，以期把握学者们在国际投资研究领域的研究关注点与选题逻辑。

1. 高频关键词

本文统计 CSSCI 和 SSCI 排名前三十的高频关键词，分析发现国内外学者关于国际直接投资研究的焦点存在差异。

从整体来看，国内外学者都将研究关注点聚焦到了“创新与技术”“经济增长”“环境”“制度因素”等方面。“China”在 SSCI 关键词排名第 6 位，共出现 72 次。这表明英文核心期刊对关于中国的国际投资问题研究较为重视。

从关键词排行分布来看，在 CSSCI 期刊中，排名前三的高频关键词为：对外直接投资（195 次）、“一带一路”（72 次）[①]、外商直接投资（69 次）。而在 SSCI 期刊中，最高频的三个关键词为：foreign direct investment（286 次）、FDI（215 次）、economic growth（103 次）（见表 1-1）。

关键词分布差异可能的原因是，国内外学者面临的学术研究环境不同。在中国，“一带一路”和中国企业对外直接投资是当前重要且具有学术意义的研究话题；在其他国家，通过吸引外商直接投资来促进经济增长是其更为关注的焦点问题。

---

① 受中文语言表述习惯的影响，关于“一带一路”关键词的检索，出现如下三种情形：“一带一路”、“一带一路”倡议、一带一路。本文在关键词词频统计时，将其词频出现次数都归类在“一带一路”项下。

表 1-1 高频关键词频次

序列	词频	中心度	关键词（CSSCI）	序列	词频	中心度	关键词（SSCI）
1	195	0. 23	对外直接投资	1	286	0. 11	foreign direct investment
2	69	0. 05	外商直接投资	2	215	0. 11	FDI
3	33	0. 30	“一带一路”	3	103	0. 09	economic growth
4	22	0. 11	“一带一路”倡议	4	100	0. 00	trade
5	17	0. 03	一带一路	5	92	0. 08	determinant
6	16	0. 45	逆向技术溢出	6	72	0. 04	China
7	16	0. 00	OFDI	7	70	0. 00	impact
8	13	0. 03	环境规制	8	57	0. 00	panel data
9	12	0. 21	门限效应	9	56	0. 00	growth
10	12	0. 00	区位选择	10	51	0. 06	productivity
11	11	0. 16	融资约束	11	48	0. 01	firm
12	11	0. 00	FDI	12	44	0. 19	CO_2 emission
13	10	0. 15	全要素生产率	13	43	0. 00	spillover
14	9	0. 07	倾向得分匹配	14	42	0. 00	performance
15	8	0. 55	绿色全要素生产率	15	35	0. 18	energy consumption
16	8	0. 12	中国对外直接投资	16	35	0. 01	institution
17	8	0. 00	制度质量	17	32	0. 00	innovation
18	8	0. 00	中国	18	30	0. 06	domestic firm
19	7	0. 36	制度距离	19	30	0. 02	financial development
20	7	0. 03	全球价值链	20	27	0. 12	location
21	7	0. 00	投资效率	21	27	0. 00	developing country
22	6	0. 34	技术创新	22	26	0. 13	environmental kuznets curve
23	6	0. 20	经济增长质量	23	25	0. 01	corruption
24	6	0. 19	人力资本	24	25	0. 00	model
25	6	0. 12	中介效应	25	25	0. 00	country
26	6	0. 05	直接投资	26	24	0. 04	absorptive capacity
27	6	0. 05	产业结构升级	27	24	0. 03	OFDI
28	6	0. 03	企业异质性	28	24	0. 01	research and development
29	6	0. 03	制度环境	29	24	0. 01	multinational enterprise
30	5	0. 64	投资政策	30	24	0. 00	multinational

2. 关键词聚类分析

在关键词排名分析之后，本文将所有关键词进行聚类分析。本文采用 LLR 算法①，采用 Citespace 软件生成聚类标签。

在 CSSCI 期刊中，学者们重点聚焦了 11 个领域，具体包括“外商直接投资”（#0）、“随机前沿模型”（#1）、“一带一路”（#2 和#6）②、“门限效应”（#3）、“财政分权”（#4）、“融资约束”（#5）、“IFDI”（#7）、“倾向得分匹配”（#8）、“知识产权保护”（#9）、“产业结构升级”（#10）和“绿色全要素生产率”（#11）（见图 1-1）。

从聚类分布来看，“一带一路”仍是中国学者关注的重要领域。对比往年国际投资学的研究热点，发现“融资约束”“产业结构升级”“知识产权保护”这三个议题在本年度仍然很重要；新出现的“绿色全要素生产率”的提法很新颖，加之环境保护问题日益重要，关于该领域的研究，可能是日后国际投资学研究的一个新突破点。从实证技术层面来看，“门限效应”“随机前沿模型”“倾向得分匹配”是目前学者使用比较多的实证方法。

在 SSCI 期刊中，学者们重点聚焦了 15 个领域，具体包括“Renewable energy”（#0）、“R&D”（#1）、“Emerging market multinationals”（#2）、“Energy consumption”（#3）、“OFDI”（#4）、“Spatial dependence”（#5）、“Absorptive capacity”（#6）、“Corruption”（#7）、“Crisis”（#8）、“CO_2 emissions”（#9）、“Trade policy”（#10）、“Chinese outward foreign direct investment”（#11）、“Energy intensity”（#12）、“Russia”（#13）、“Africa”（#14）、“Emigration”（#15）（见图 1-2）。

对比 CSSCI 和 SSCI 关键词聚类分布发现，国内外学者研究的关注点整体

---

① LLR 算法（Log-likelihood rate 算法），是指采用对数似然率提取聚类标签词的方法，LLR 越大的词对其所在聚类的代表性越强。

② 将“聚类 2 的‘一带一路’”和“聚类 6 的‘一带一路’”统称为“一带一路”。

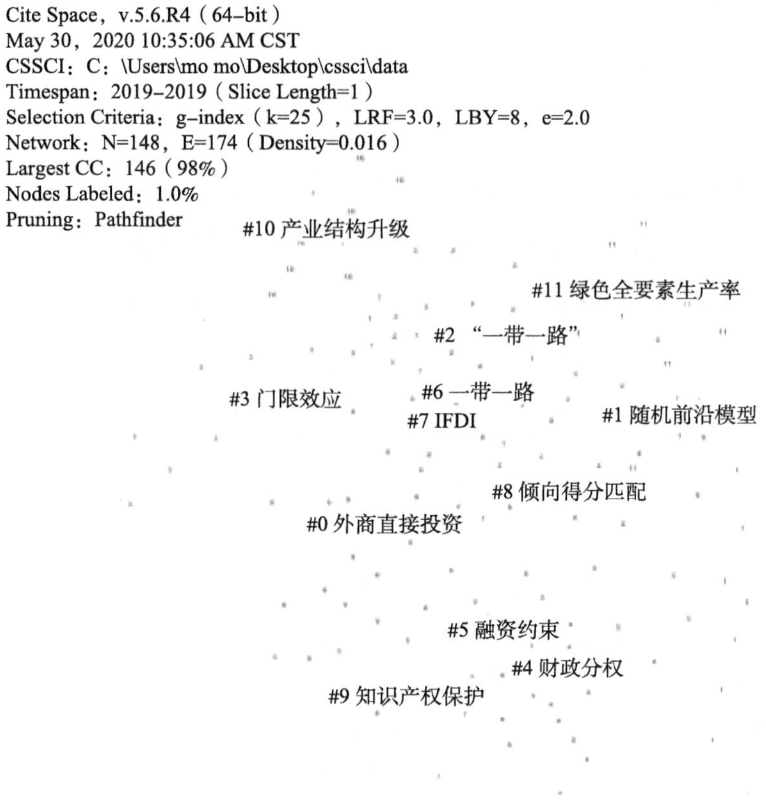

图 1-1　CSSCI 期刊关键词聚类知识图谱

资料来源：作者通过 Cite Space 软件处理获得。

趋势一致，存在部分差异。从共同研究关注点来看，国内外学者都重点关注技术创新和环境问题，且对中国的对外直接投资问题都很重视。从区别来看，SSCI 期刊除了关注中国问题外，俄罗斯（#13 Russia）、非洲国家（#14 Africa）、新兴市场跨国公司（#2 Emerging market multinationals）也是重要的研究关注领域。同时，国际投资中涉及的能源问题（#0 Renewable energy、#3 Energy consumption、#12 Energy intensity）和移民问题（#15 Emigration）也是国际投资学研究的重要切入点。

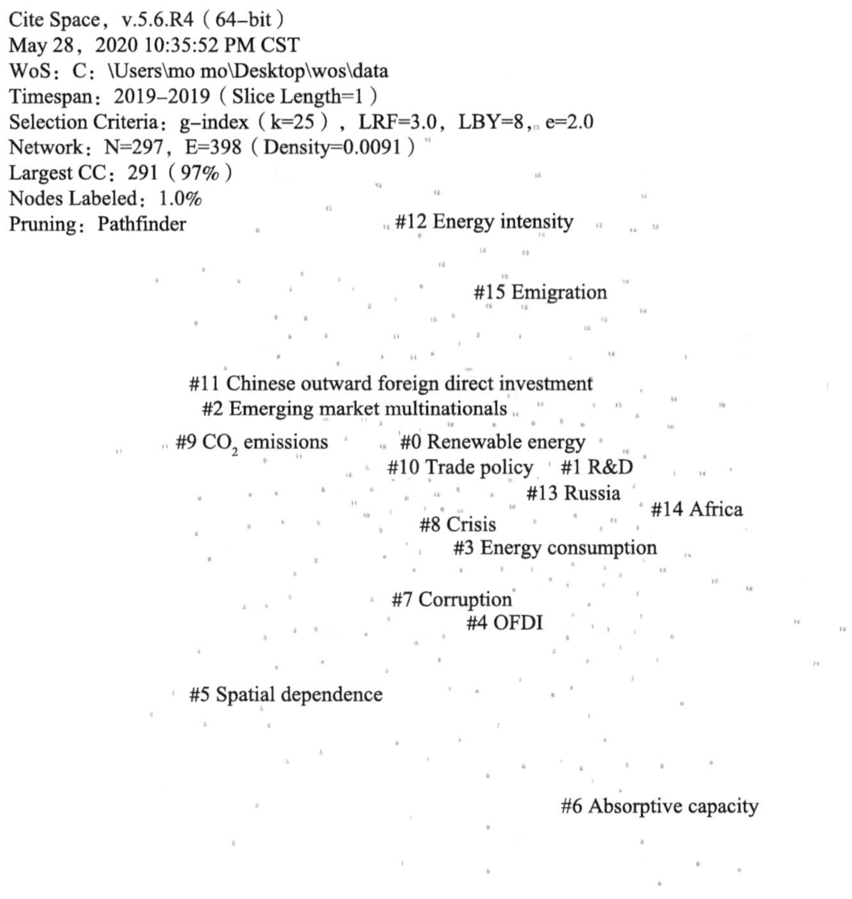

图 1–2　SSCI 期刊关键词聚类知识图谱

资料来源：作者通过 Cite Space 软件处理获得。

（二）研究展望①

近年来，国内外学者将国际直接投资研究关注点聚焦到了“创新与技术”“经济增长”“环境”“制度因素”等领域。对比 CSSCI 和 SSCI 关键词聚类分布来看，国内外学者研究的关注点整体趋势一致，但也存在部分差异。综观

① 本小节见陈胤默：“2019 年国际投资学综述”，《世界经济年鉴 2020》，张宇燕等，中国社会科学出版社，第 328–343 页。

国际直接投资相关研究文献，我们得出如下结论。

第一，基于东道国视角的研究中，制度因素和经济因素是关注的重点。东道国的制度质量和制度水平是对外直接投资企业在区位选择时的重要考量因素。为了避免因制度壁垒而使对外直接投资受阻，企业会努力与东道国政府建立良好的关系。此外，母国与东道国之间签订双边投资协定，也可以从正式制度方面规避因制度因素而使投资受阻情况的发生，从而促使企业更好地进行对外直接投资。同时，外商直接投资可以促进东道国的出口和就业。

第二，基于母国视角的文献主要围绕对外直接投资对母国经济增长、出口以及创新等方面的影响进行研究。对外直接投资能够有效地促进母国经济增长质量水平的提升，提高母国员工的工资水平，反向促进母国技术进步，促进母国企业出口。

第三，基于跨国公司视角的研究中，税基侵蚀和利润转移是研究的重点和难点。通过避税天堂进行利润转移，是跨国公司避税的一个方式，这会造成税基侵蚀。此外，跨国并购也是研究的重点。跨国并购绩效与个人/集体主义价值观的差异存在显著的负相关关系（李洪等，2019），融资约束对制造业企业跨国并购绩效的影响存在门限效应。

第四，基于“一带一路”视角的研究议题涵盖了国际评价、税收因素、基础设施、投资方式与效率以及产业转型升级等方面。“一带一路”提出至今，国际社会和学术界对“一带一路”总体评价较为正面。“一带一路”倡议的深化对中国企业对外绿地投资的增长有着显著的促进作用，可以加速产业和经济的有效融合。

从研究方法来看，现有文献多采用实证研究法，主要运用倾向得分匹配法、倍差法、马氏距离匹配法、门限效应、随机前沿模型、CGE 模型和 GMM 模型，其中倾向得分匹配法和倍差法较为常用。通过倾向得分匹配法得到对照组，可以解决自选择问题引起的内生性，倍差法也可消除可能存在的内生性问题。

基于对现有研究的宏观概览和微观把握，笔者对国际直接投资的未来研究方向进行展望。

第一，新冠肺炎疫情在全球的蔓延，导致全球需求下降，企业大面积停工停产，造成供应链中断，该负面冲击对全球价值链整合较为紧密的中国、韩国、日本和东南亚国家影响较大。新冠肺炎疫情暴发使得跨国公司及其外国子公司减缓资本支出，跨国企业会选择暂时性地停止或降低生产来应对疫情的冲击。同时，跨国企业的海外投资速度也会出现放慢或暂停的情况。基于该背景，疫情对国际投资的影响如何？疫情如何影响全球产业链的变动？疫情是从根本上改变了国际投资环境，还是仅仅是暂时性冲击？这些都是亟待探讨的议题。

第二，随着逆全球化问题的加剧，发达国家和部分发展中国家对外资的审查要求提高，国家保护主义抬头。国际投资环境发生变化，外资撤资问题逐渐进入研究视野。美国、欧盟、加拿大和印度等国家和地区陆续出台政策，抬高外商进入门槛，这都增加了跨国投资难度。如何应对外商审查政策趋严带来的影响以及外商撤资等问题，都是值得探讨的议题。

第三，环境保护问题、气候问题日益重要。国内外学者开始关注这一领域。对外直接投资企业如何在东道国履行环境保护的义务？在招商引资过程中，如何制定政策减少外商直接投资企业在生产经营过程中所产生的环境污染，也是亟待探讨的议题。

参考文献

1. Dunning J H. Trade, location of economic activity and the MNE: A search for an eclectic approach [M]. The International Allocation of Economic Activity. Palgrave Macmillan, London, 1977: 395-418.

2. Dunning J H. Reappraising the eclectic paradigm in an age of alliance capitalism [J]. Journal of International Business Studies, 1995, 26 (3): 461-491.

3. Hymer S. Multinational corporation and international oligopoly: the non-American challenge [R]. Center Discussion Paper, 1969.

4. Lall S, Chen E, Katz J, Kosacoff B. The new multinationals: The spread of third world enterprises [M]. London: John Wiley & Sons, 1983.

5. Wells L T. Third world multinationals: The rise of foreign investments from developing countries [J]. MIT Press Books, 1983, 1.

6. 李洪，叶广宇，赵文丽．距离产生美：跨国并购中个人/集体主义价值观差异的不对称效应［J］．南开管理评论，2019，22（6）：152-164.

第二章

国际直接投资：发展历程、政策环境和前景展望

本章全面回顾和分析了1870年至2018年国际直接投资的发展历程和国际投资政策。本章将国际直接投资发展历程分为“初始形成阶段”（1870—1914年）、“低迷徘徊阶段”（1915—1945年）、“恢复增长阶段”（1946—2000年）和“波动发展阶段”（2001—2018年）。其后，本章对2019年至2020年国际直接投资的现状进行分析。进一步地，本章对国际投资政策进行梳理和总结。从中长期来看，国际直接投资受发达国家政策不确定性增强、国际直接投资收益率趋势性下降以及国际生产的结构性变化等因素影响，可能出现长期放缓的趋势。

一、引言

1870年，发达国家为加大对殖民地和半殖民地的剥削，开始进行国际投资。之后，受两次世界大战的影响，国际投资几近停滞，经历了较长的战后恢复期。“二战”前，国际间接投资是国际投资的主要形式；“二战”后，国际直接投资逐渐发展起来。从1980年起，国际直接投资逐步进入快速增长期，在经历了30多年的快速发展后，在2015年出现下降趋势。从投资来源看，大部分的国际直接投资资金来源于发达国家的企业，发达国家一直在国际直接投资中占据绝对主导地位。2000年后，随着发展中国家经济的发展，发展中国家也开始逐步进行对外直接投资。发展中国家的对外直接投资规模在2018年达到了历史最高峰，有41.17%的国际直接投资来源于发展中国家，55.06%的国际直接投资来源于发达国家①（见图2-1）。

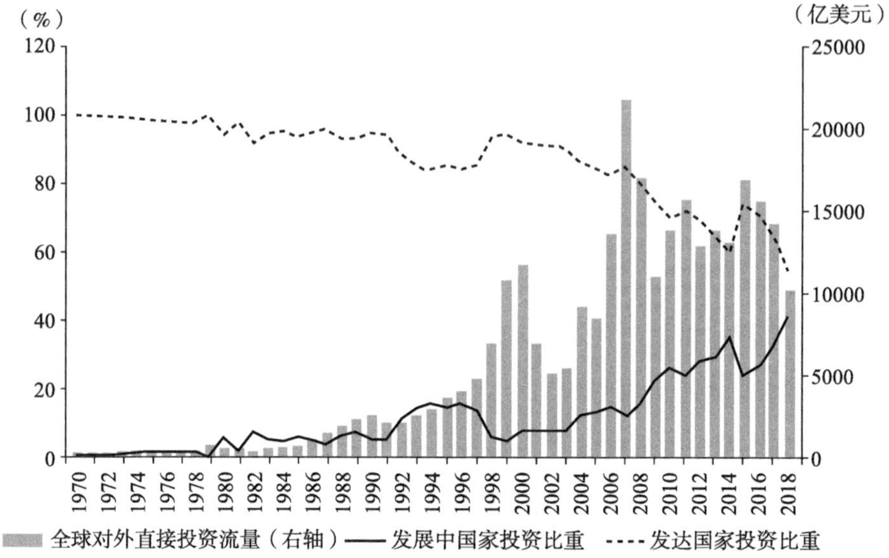

图2-1　国际直接投资发展趋势

资料来源：UNCTAD数据库。

随着中国企业对外直接投资的发展，我们需要基于全球视野，从更长维度的历史视角，审视中国对外直接投资的发展现状，以更好地认识中国对外直接投资，判断未来发展趋势。为此，本章全面回顾和分析1870年至2018年国际直接投资的发展历程及国际直接投资政策变化，探讨国际直接投资未来发展趋势。

① 据UNCTAD数据库统计，在2018年，有3.76%的国际直接投资来源于转型经济体，由于转型经济体投资比重较小，暂不在图表中列示。

二、国际直接投资的发展历程

根据国际直接投资的发展阶段、投资环境和发展进程，笔者将国际直接投资分为初始形成阶段、低迷徘徊阶段、恢复增长阶段和波动发展阶段。

（一）初始形成阶段（1870—1914 年）

该阶段，国际直接投资的主要特点为：发达国家对其殖民地和半殖民地进行投资。第二次工业革命之后，英国、法国、德国、美国、荷兰等国家加快了国际扩张的步伐。以英国为代表的经济强国，在海外拥有大量的殖民地和势力范围。为剥削与控制殖民地和半殖民地，国际投资成为国家间资源转移的渠道和控制手段。

从投资规模来看，国际直接投资在该阶段的投资规模都不是很大，私人投资是国际直接投资的主要形式。此阶段，以借贷资本和证券投资为主的间接投资模式在国际投资中占据了主导地位。国际间接投资约占国际投资总额的 90%。从投资流向来看，国际投资主要流向欧洲大陆和自然资源丰富的地区。从投资行业来看，重心在发达国家殖民地的初级产品产业和运输业。除了在欧洲和拉丁美洲进行的跨国铁路运输投资之外，投资主要集中于橡胶、茶、咖啡、可可和烟草等原材料和农业。

（二）低迷徘徊阶段（1915—1945 年）

在两次世界大战期间，国际直接投资受战争影响，增长缓慢。为了保护国家利益，一些国家出台了限制外商直接投资政策。在诸多不利因素影响下，国际直接投资活动陷入停滞，甚至倒退。

国际投资格局发生重大变化。在 1938 年，英国对外投资额高达 230 亿美元，是世界上最大的对外投资输出国。但到了 1945 年，美国取代了英国，成为世界上最大的对外投资输出国，对外投资额为 170 亿美元（封永平，2005）。此时，英国、法国、日本和德国对外投资额分别为 140 亿美元、120 亿美元、60 亿美元和 10 亿美元①。但此时，借贷资本和证券投资形式的国际间接投资仍占主导地位，官方投资规模逐步扩大。

（三）恢复增长阶段（1946—2000 年）

该阶段的主要特点为：美国对外投资霸主地位进一步确立，发展中国家逐步走上对外投资舞台，国际直接投资所占比重逐步提高。

1946—1960 年，美国在国际投资领域占主导地位。除美国以外的发达资本主义国家，多处于战后的经济恢复期。此时，国际投资主要从美国流向其他发达国家，属于“单向投资”的性质（徐振东，2001）。

1961—1978 年，欧洲、日本和第三世界国家陆续参与到国际直接投资中。随着各国经济的恢复和发展，西欧、日本对美国的直接投资急剧增长，日本和西欧的相互投资也迅速增加；印度、韩国、巴西等国家也开始进行对外投资（徐振东，2001；鲁玲，2003）。

1979—2000 年，投资主要集中在发达国家内部。三大投资圈形成：欧盟圈（以德国为中心）、北美圈（以美国为中心）和亚洲圈（以日本为中心）。1985 年，美国从债权国逐渐沦为债务国，相应地，美国在国际投资中的地位也有所下降。到了 20 世纪 80 年代后期，美国的债权国地位逐渐被日本取代（杨宏艳，2007）。

从投资行业来看，“二战”后，国际投资主要投向了制造业，贸易和服务业投资比重有所提升，采掘业投资比重下降。制造业比重上升的原因为：一方面，发展中国家采取进口替代政策，促使跨国公司扩大在发展中国家的制造业投资；另一方面，受国际竞争加剧、能源危机影响，跨国公司将一些技

① 李焜文．国际投资学［M］．北京：华中科技大学出版社，2001.

术过时、耗能耗料、污染严重的工业转移到发展中国家。进入 20 世纪 80 年代后，受发达国家人均收入提高、消费性服务需求增加及发达国家服务市场开放的影响，对发达国家服务业投资的比重逐步上升。

国际投资环境发生变化，具体表现为：第一，战后美国经济霸权地位确立，布雷顿森林体系建立后，国际金融秩序相对稳定。同时，关贸总协定体系建立后，各成员国制定的外资政策更为自由开放。第二，战后一批国家摆脱了殖民地和半殖民地的统治，获得政治独立，新独立的发展中国家采取对外开放、引进外资的政策，发展经济。第三，第三次科技革命的兴起，使交通通信更加便利，降低了运输成本，提高了管理计算机化，这给大规模的国际直接投资提供了条件。

（四）波动发展阶段（2001—2018 年）

进入 21 世纪，国际直接投资进入波动发展阶段。此时，国际直接投资的投资额较大，但受经济危机的冲击，国际直接投资增长出现波动盘整状态。在 1997 年亚洲金融危机和 2000 年互联网泡沫之后，国际直接投资出现大幅度下滑。在 2004 年之后，国际直接投资出现反弹，进入快速增长阶段。2007 年，国际直接投资（流量）达到历史高点 2. 17 万亿美元，增幅高达 60%，主要驱动因素是跨国公司大规模并购。但受 2007 年国际金融危机冲击，国际直接投资额暴跌，2010 年才得以恢复，国际投资增长率出现波动调整态势。受国际投资收益率不断下降、轻资产投资日益增多和投资政策环境日趋严苛影响，2015 年至 2018 年间，国际直接投资表现低迷，出现连续下滑趋势。2018 年，对外直接投资（流量）仅为 1. 01 万亿元，同比下降 29%（见图 2-2）。

从资金来源看，2001 年至 2018 年间，发达国家投资比重在逐步下降，越来越多的发展中国家参与到国际直接投资中。2001 年，发达国家投资占比高达 91%，来自发展中国家的投资不到 8%。到 2018 年，有 55. 06%的投资来自发达国家，来自发展中国家的投资大幅攀升至 41. 17%（见图 2-1）。从国别

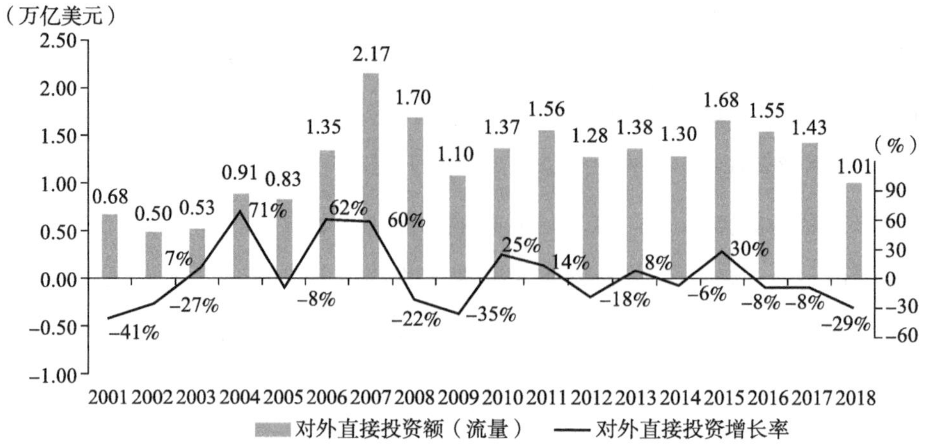

图 2-2　国际直接投资发展趋势

资料来源：UNCTAD 数据库。

来看，美国、英国、荷兰、日本、加拿大和中国是最主要的投资来源国。在2001 年到 2018 年的 18 年时间里，美国除了 2005 年和 2018 年以外，都是全球第一大对外直接投资国。荷兰和日本分别在 2005 年和 2018 年位居全球第一大对外直接投资国。

三、国际直接投资的发展现状

联合国贸发会议（UNCTAD）数据显示，2020 年，全球外国直接投资流量从 2019 年的 1.5 万亿美元下降至 1 万亿美元，降幅高达 35%。国际直接投资的大幅下降主要是受到新冠肺炎疫情的冲击。从行业来看，与全球价值链密切型产业、旅游业和资源寻求型的外国直接投资受到疫情冲击的影响比较大。从区域来看，流向欧洲、拉丁美洲和加勒比地区、北美的外国直接投资分别下降了 80%、45%和 42%。流向亚洲的外国直接投资增长了 4%。

从对外直接投资情况来看，发达国家的对外直接投资在 2020 年下降了

56%，投资额为3470亿美元，创下了1996年以来的新低。来自欧洲的对外直接投资降幅高达80%，总额降至740亿美元。来自转型经济体的对外直接投资降幅高达75%。来自发展中国家的对外直接投资下降了7%，投资总额降至3870亿美元。2020年，亚洲是对外直接投资唯一正增长的地区，增幅为7%，投资总额增至3890亿美元。这主要是受中国香港地区和泰国对外直接投资的推动（见表2-1）。

表2-1　2020年全球前20大外商直接投资参与国（地区）

单位：10亿美元

FDI流入					FDI流出				
2020年位次	国家和地区	2019年	2020年	增速（%）	2020年位次	国家和地区	2019年	2020年	增速（%）
1	美国（1）	261	156	-40.2	1	中国（3）	137	133	-2.9
2	中国（2）	141	149	5.7	2	卢森堡（11）	34	127	273.5
3	中国香港地区（5）	74	119	60.8	3	日本（1）	227	116	-48.9
4	新加坡（3）	114	91	-20.2	4	中国香港地区（7）	53	102	92.5
5	印度（8）	51	64	25.5	5	美国（4）	94	93	-1.1
6	卢森堡（25）	15	62	313.3	6	加拿大（6）	79	49	-38.0
7	德国（7）	54	36	-33.3	7	法国（9）	39	44	12.8
8	爱尔兰（4）	81	33	-59.3	8	德国（2）	139	35	-74.8
9	墨西哥（14）	34	29	-14.7	9	韩国（10）	35	32	-8.6
10	瑞典（32）	10	26	160.0	10	新加坡（8）	51	32	-37.3
11	巴西（6）	65	25	-61.5	11	瑞典（18）	16	31	93.8
12	以色列（20）	19	25	31.6	12	西班牙（16）	20	21	5.0
13	加拿大（10）	48	24	-50.0	13	阿联酋（13）	21	19	-9.5
14	澳大利亚（12）	39	20	-48.7	14	瑞士（157）	-44	17	-138.6
15	阿联酋（22）	18	20	11.1	15	泰国（28）	8	17	112.5
16	英国（11）	45	20	-55.6	16	中国台湾地区（21）	12	14	16.7

续表

FDI 流入					FDI 流出				
2020 年位次	国家和地区	2019 年	2020 年	增速（%）	2020 年位次	国家和地区	2019 年	2020 年	增速（%）
17	印度尼西亚（19）	24	19	-20.8	17	智利（25）	9	12	33.3
18	法国（15）	34	18	-47.1	18	印度（20）	13	12	-7.7
19	越南（24）	16	16	0.0	19	意大利（15）	20	10	-50.0
20	日本（26）	15	10	-33.3	20	比利时（44）	2	10	400.0

注：括号中为 2019 年的排名。

资料来源：作者根据 UNCTAD（2021）的数据整理。

2020 年，绿地投资的交易额和交易数量都出现了明显的下降，降幅分别为-33%和-29%（见表 2-2）。2020 年，绿地投资项目交易额为 5640 亿美元，创下历史最低水平。外商直接投资将绿地投资的目的地转向发达经济体，而非发展中国家，这一转变使得投资于发展中国家的绿地投资项目大幅下降。第一产业、制造业和服务业的交易额分别下降了 47%、41%和 25%。其中，制造业交易数量的降幅最大，下降了 37%。在绿地投资排名前十的行业中，仅有信息通信业和贸易有所增长。信息通信业的大幅增加是全球数字基础设施和服务的需求增加所驱动的。2020 年，信息通信业交易额为 810 亿美元，增长了 22%。该行业较为重要的绿地投资项目包括西班牙电信（西班牙）斥资 60 亿美元在德国建设光纤网络，亚马逊（美国）在印度信息通信技术基础设施上投资 28 亿美元，以及字母表（美国）通过谷歌在波兰投资 18 亿美元。

表 2-2　2019—2020 年绿地投资行业分布情况　　单位：10 亿美元

行业	交易额		增长率（%）	交易数量		增长率（%）
	2019 年	2020 年		2019 年	2020 年	
总额	846	564	-33	18261	12971	-29
第一产业	21	11	-47	151	100	-34
制造业	402	237	-41	8180	5139	-37

续表

行业	交易额		增长率（%）	交易数量		增长率（%）
	2019 年	2020 年		2019 年	2020 年	
服务业	422	315	-25	9930	7732	-22
排名前十的行业						
能源和天然气	113	99	-13	560	529	-6
信息通信	66	81	22	3332	2903	-13
电器和电子设备	53	46	-14	1201	862	-28
化学及化工产品	47	40	-15	752	442	-41
建筑	66	35	-47	437	319	-27
机动车辆和其他运输设备	62	33	-47	1022	558	-45
焦炭和精炼石油	94	30	-69	109	54	-50
交通运输和仓储	43	26	-39	764	627	-18
贸易	22	23	5	688	572	-17
金融与保险	24	19	-19	1028	715	-30

资料来源：UNCTAD. World Investment Report 2021. New York and Geneva：United Nations Conference on Trade and Development，2021.

2020 年，跨境并购交易额仅下降了 6%（见表 2-3）。其中，第一产业的交易额下降幅度最大，降幅达 31%。制造业和服务业的交易额分别小幅下降了 6%和 3%。

从排名前十的行业的增长情况来看，食品、饮料和烟草，电信，信息通信和公用事业的增长幅度较大，增幅分别为 323%、372%、225%、165%（见表 2-3）。食品、饮料和烟草行业大幅增长是由于联合利华（英国）与联合利华（荷兰）以 810 亿美元的价格注册合并所致。

在新冠肺炎疫情的影响下，信息通信和生物制药行业获得增长。与数字相关行业的资产销售大幅增长，主要是在计算机、电子产品、光学产品和电气设备的制造以及信息和技术领域。值得关注的交易有英飞凌（德国）以 98 亿美元的价格收购柏树（美国）。

表 2-3　2019—2020 年跨境并购行业分布情况　　单位：10 亿美元

行业	交易额		增长率（%）	交易数量		增长率（%）
	2019 年	2020 年		2019 年	2020 年	
总额	507	475	-6	7118	6201	-13
第一产业	37	25	-31	433	658	52
制造业	243	228	-6	1633	1136	-30
服务业	227	221	-3	5052	4407	-13
排名前十的行业						
食品、饮料和烟草	20	86	323	193	136	-30
信息通信	25	80	225	1312	1248	-5
生物制药	98	56	-43	186	211	13
电器和电子设备	21	40	94	279	165	-41
公用事业	12	33	165	190	190	0
电信	6	29	372	84	61	-27
金融与保险	49	28	-43	619	562	-9
矿业、农业、渔业等天然产业	35	24	-31	354	527	49
房地产	37	22	-40	436	327	-25
贸易	16	18	10	575	496	-14

资料来源：UNCTAD. World Investment Report 2021. New York and Geneva：United Nations Conference on Trade and Development，2021.

四、国际直接投资的政策环境

随着全球化的深入，各国政府开始意识到，有必要制定适当的政策来吸引外商直接投资。下文对国别投资政策和国际投资政策进行梳理和分析。

（一）国别投资政策①

东道国外商直接投资政策越宽松，对国际投资环境的改善作用越大，对

① 资料来源：UNCTAD. World Investment Report 2021. New York and Geneva：United Nations Conference on Trade and Development，2021.

私营部门的投资越有利。因此，东道国多实施自由化外商直接投资政策，主要涉及改善市场进入的条件、改善外国投资者的待遇标准、改善外资企业的生产经营环境、相对降低国际直接投资风险等内容。

在 1991 年至 2020 年间，东道国主要实施了自由化和促进政策。在 1991 年至 2000 年间，东道国陆续出台引进外资政策，1991 年仅有 81 项国别投资政策，其后投资政策数量与日俱增，到 1997 年达到 151 项，自由化和促进政策占比均在 86%以上。2000 年之后，自由化和促进政策比重仍占主导地位，但受贸易保护主义和逆全球化趋势的影响，限制性和监管政策比重逐步攀升。

在 2020 年，涉及外商直接投资国别政策变化的国家个数和政策数量都有所下降。有 67 个国家和经济体进行了 152 项涉及外商直接投资的政策变化，比 2019 年的 54 个国家、107 项政策变化分别增长了 24%和 29.6%。从这 152 项政策变化的组成来看，72 项涉及投资自由化和促进措施，50 项施加了新的投资限制性和监管政策，余下 30 项是中性的政策。不包括中性的政策，涉及限制性或监管措施的政策比例从 2017 年的 16%飙升至 2020 年的 41%，这是自 1991 年以来的最高比率（见图 2-3）。这主要是因为发达国家大幅增加限制性或监管措施政策。发达国家实施这些措施的动机，是希望在新冠肺炎疫情期间保护本国的关键基础设施、核心技术或其他敏感的国内资产免受外国收购的影响。而自由化或促进政策占比则下降至 59%，创下有史以来的最低水平。从当前自由化或促进政策情况来看，在农业、制造业、采矿业、国防业、金融业等各个行业，都采取了自由化的措施。同时，许多国家也在通过简化行政程序、扩大其他投资激励制度等措施来吸引更多的外国投资。此外，从区域来看，来自亚洲的发展中国家继续采取新的投资政策措施来吸引外商投资，其次是非洲。

近年来，各国对外商投资的筛查力度在加大，外资审查越来越严格。据

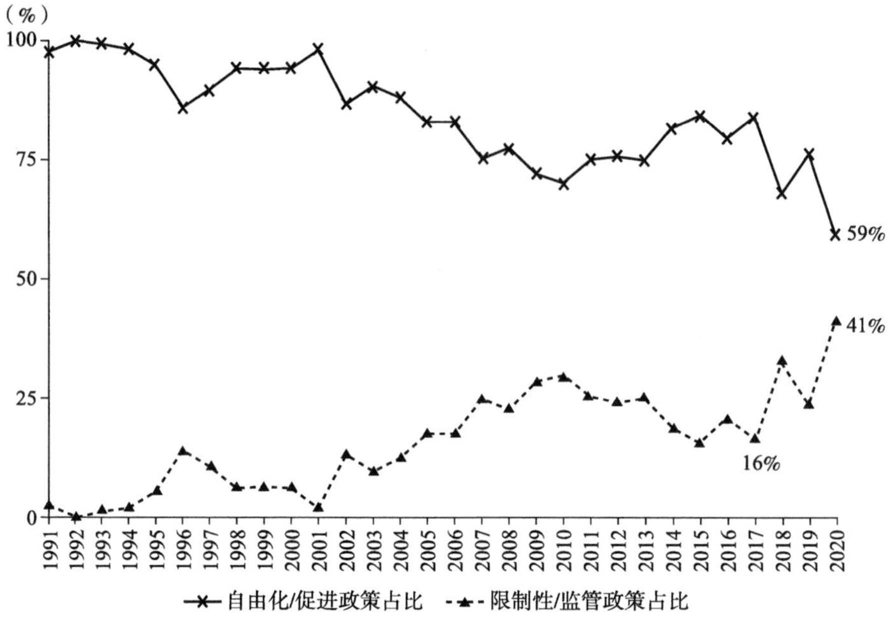

图 2-3　国别投资政策变化

资料来源：UNCTAD 数据库。

UNCTAD 统计，目前有 24 个国家实施了外国投资审查机制，这些国家涉及的外商直接投资占全球投资总量的 56%。同时，在区域层面也出现了从安全和公共利益考虑，审查和收紧外商投资的情况。出于国家安全考虑的投资政策逐步从保护国防工业扩展到了保护战略产业、关键基础设施、技术保护和知识产权等方面。2011 年至 2019 年间，新修订的限制性筛查政策涵盖了扩大筛查范围、扩大披露义务、延长筛查时间和新增惩罚性规定等内容，其中关于扩大筛查范围的新增政策所占比重最大（见图 2-4）。

（二）国际投资协定

国家间通过签订双边性、区域性或多边投资协定，促进国际直接投资，保护跨国公司的海外利益。从 1957 年至 2020 年初，全球 234 个国家共缔结了 3292 个国际投资协定（至少有 2661 个国际投资协定生效），其中双边投资协

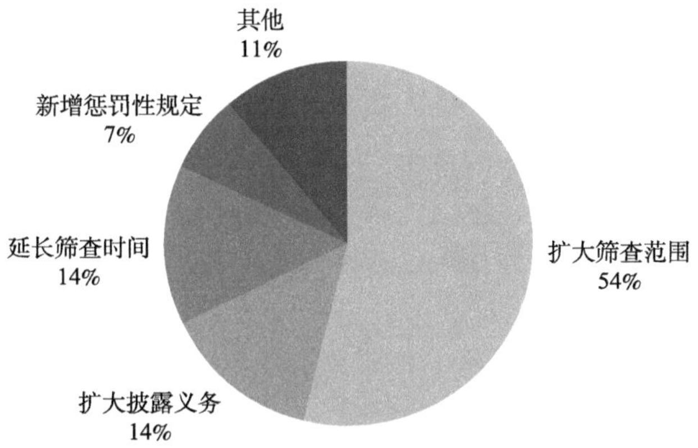

图 2-4　2011—2019 年外商直接投资限制性筛查政策分类

资料来源：UNCTAD 数据库。

定 2902 个（生效 2342 个），其他国际投资协定① 390 个（生效 319 个）。从国别来看，签署双边投资协定最多的国家为德国（129）、中国（126）和瑞士（112）；签署其他国际投资协定最多的国家为爱沙尼亚（72）、马耳他（72）和英国（72）。1957 年 3 月 25 日，《罗马条约》的签订是国际直接投资协定的开端，欧盟一体化的推进、区域经济的发展改变了国际直接投资的地区流向，促进了国际直接投资在区域内的流动。其后，德国在 1959 年 11 月 25 日与巴基斯坦签订了第一份双边投资协定，瑞士、法国等国家与东道国也陆续开始签署双边投资协定。从 1957 年至 1987 年的 30 年间，国际投资协定的规模并不大，仅签署了 313 个协定。从 1987 年至 1997 年，双边投资协定呈爆发式增长，1997 年签署了 218 个双边投资协定，达到历史高点后开始下滑。从规模和增速来看，其他国际投资协定远小于双边投资协定的规模，1957 年至 2004 年其他国际投资协定数量快速上升，在 2004 年到达历史高点后，呈现下滑态势。2019 年，全球共缔结了 22 个国际投资协定，包括 16 个双边投资协定和 6 个其他国际投资协定（见图 2-5）。

① 其他国际投资协定是指除了双边投资协定之外的其他涉及投资相关条款的经济协定。

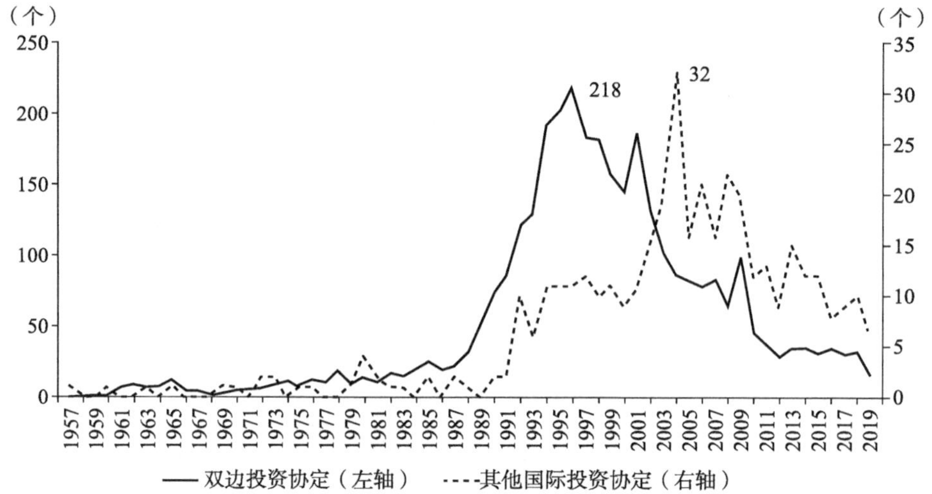

图 2-5　国际投资协定趋势

资料来源：UNCTAD 数据库。

五、国际直接投资的前景展望

从短期来看，国际直接投资受新冠肺炎疫情的影响较大，在未来一段时间内将呈现出下滑的态势。诸如制造业、交通运输等传统行业的国际直接投资受到的冲击将会持续；但数字化产业的飞速发展给信息和通信技术等行业的发展带来了新的机遇。国际直接投资能否恢复到新冠肺炎疫情前的水平，还需要看各国对疫情的防控及经济复苏计划。

从中长期来看，国际直接投资发展较为艰难。主要原因有如下三个方面：其一，发达国家日益以国家安全为由，开始加大对外商直接投资的审查力度，外商直接投资面临的限制越来越多。从整体趋势来看，外商直接投资面临的外部政策环境在收紧，不利于国际直接投资的发展。其二，国际直接投资收益率的持续下降，会降低外商直接投资的积极性。根据 UNCTAD（2018）统计，对比 2010 年和 2018 年，国际直接投资的收益率已从 8%下降至 6.8%。发展中经济体、拉美和加勒比地区降幅最为明显，2018 年的收益率分别降至 7.8%和 6.2%。其三，人工智能和数字技术的发展给国际直接投资带来了新机遇，但也出现了新问题。伴随着人工智能和数字技术的发展，高科技型跨国公司日益崛起。高科技型跨国公司在全球形成了垄断势力，如何规范和监管高科技型跨国公司的发展，成为各国面临的新议题。

参考文献

1. UNCTAD. World Investment Report 2018. New York and Geneva: United Nations Conference on Trade and Development, 2018.

2. UNCTAD. World Investment Report 2019. New York and Geneva: United Nations Conference on Trade and Development, 2019.

3. UNCTAD. World Investment Report 2020. New York and Geneva: United Nations Conference on Trade and Development, 2020.

4. UNCTAD. World Investment Report 2021. New York and Geneva: United Nations Conference on Trade and Development, 2021.

5. 封永平. 认同变迁：英美权力的和平转移 [J]. 国际政治科学，2005 (3): 21-43+4.

6. 鲁玲. 国际直接投资的发展及启示 [J]. 西安财经学院学报，2003 (6): 19-22.

7. 徐振东. 百年国际直接投资：演化、贡献及启示 [J]. 国际金融研究，2001 (5): 10-17.

8. 杨宏艳. "广场协议" 对我国现阶段经济发展的启示 [J]. 商场现代化，2007 (20): 355-356.

第三章

中国对外直接投资：发展历程、管理体制及政策演变[①]

① 本章内容来自陈胤默（2021）：“经济政策不确定性对中国企业对外直接投资影响研究”，中国社会科学院博士后出站报告。

本章分析了2002年以来中国企业对外直接投资政策的演变历程、未来可能的政策方向和政策组合。从2002年至2018年，中国企业对外直接投资经历了起步期、迅速发展期和回调期。以2017年为界，中国对外直接投资政策可以大致分为鼓励期政策和规范期政策。在鼓励期内，境外投资审批政策经历了审批制、核准制和备案制三个阶段。商务部和国家发改委也逐步由审批管理部门向服务管理部门转变。国家外管局作为主要的支付政策制定部门，在政策上也逐步放宽了对境外投资企业的支付监管。在规范期内，对外直接投资政策开始收紧，支付政策在配合审批政策方面存在一定的时滞性。未来中国的对外直接投资政策可能会根据投资目的地和行业出现异质性差异，在审批政策力度和方向方面可能会出现分化，支付政策更加注重境外投资真实性和合规性审核。

一、引言

2020年初，新冠肺炎疫情席卷全球，导致全球需求下降，企业大面积停工停产，造成供应链中断，该负面冲击对全球价值链整合较为紧密的中国、韩国、日本和东南亚国家影响较大。如何制定行之有效的政策，引导和支持中国企业“走出去”，应对不断变化的国际投资环境，降低新冠肺炎疫情的负面冲击，是一个亟待探讨的问题。因此，有必要梳理和总结历年对外直接投资政策，分析不同部门政策配合协调情况，厘清对外直接投资政策制定的逻辑。

伴随着中国企业对外直接投资的发展，相关政策也随现实情况的变化而不断地进行调整。在中国，企业在对外直接投资时，尤为关注中国政府政策的出台、执行及政策间的配合。

在不同时期，对外直接投资政策是什么样的？不同部门间的政策配合是否协调？在不断变化着的国际直接投资环境中，中国政府该如何制定行之有效的对外直接投资政策？本章选取了2002—2018年商务部、国家发改委和国家外管局发布的与对外直接投资相关的141部政策法规进行分析，试图找到答案。

二、中国对外直接投资发展历程

（一）中国对外直接投资发展阶段

从2002年至今，中国对外直接投资经历了成长期、发展期和回调期三个阶段，如图3-1所示。第一阶段：成长期（2002—2008年）。在此期间，国家大力支持企业对外直接投资，中国企业的海外投资处于快速扩张时期。中国企业对外直接投资流量从27亿美元快速增长至559.1亿美元。第二阶段：发展期（2009—2016年）。在此期间，企业对外直接投资流量从565.3亿美元快速增长至1961.5亿美元。2016年，企业对外直接投资流量创下历史最高值。第三阶段：回调期（2017—2018年）。在此期间，企业对外直接投资出现了回调。2017年和2018年，对外直接投资流量出现连续下降的趋势，分别下降了1582.9亿美元和1298.3亿美元。

（二）中国对外直接投资发展现状

2020年，中国对外直接投资流量居世界第1位，达到1537.1亿美元。中

图 3-1　2002—2018 年中国对外直接投资（流量）

数据来源：《中国对外直接投资统计公报》。

国对外直接投资存量达 25806.6 亿美元，全球位次由 2002 年的第 25 位上升到 2020 年的第 3 位。联合国贸发会议公布的数据显示，2019 年，中国对外直接投资占全球流量、存量的比重分别高达 17.968%和 5.992%①。详细信息如表 3-1 所示。

表 3-1　2002—2020 年中国对外直接投资流量和存量汇总　单位：亿美元

年份	流量		存量	
	金额	全球位次	金额	全球位次
2002	27.0	26	299.0	25
2003	28.5	21	332.0	25
2004	55.0	20	448.0	27
2005	122.6	17	572.0	24
2006	211.6	13	906.3	23

① 资料来源：联合国贸发会议（UNCTAD）数据库，https：//unctadstat. unctad. org/wds/TableViewer/tableView. aspx。

续表

年份	流量		存量	
	金额	全球位次	金额	全球位次
2007	265.1	17	1179.1	22
2008	559.1	12	1839.7	18
2009	565.3	5	2457.5	16
2010	688.1	5	3172.1	17
2011	746.5	6	4247.8	13
2012	878.0	3	5319.4	13
2013	1078.4	3	6604.8	11
2014	1231.2	3	8826.4	8
2015	1456.7	2	10978.6	8
2016	1961.5	2	13573.9	6
2017	1582.9	3	18090.4	2
2018	1430.4	2	19822.7	3
2019	1369.1	2	21988.8	3
2020	1537.1	1	25806.6	3

数据来源：《2020年度中国对外直接投资统计公报》。

2020年，中国境内投资者（企业）在全球189个国家（地区）设立了4.5万家对外直接投资企业，投资范围覆盖了全球80.8%的国家（地区）。其中，中国企业在亚洲的对外直接投资覆盖率高达95.7%；对欧洲投资的覆盖率为87.8%；对非洲投资的覆盖率为86.7%。

表3-2　2020年末中国境外企业在各洲的分布情况　　单位：个

洲别	国家（地区）总数	境外企业覆盖的国家（地区）数量	覆盖率（%）
亚洲	48	45	95.7
欧洲	49	43	87.8
非洲	60	52	86.7
北美洲	4	3	75.0

续表

洲别	国家（地区）总数	境外企业覆盖的国家（地区）数量	覆盖率（%）
拉丁美洲	49	32	65.3
大洋洲	24	14	58.3
合计	234	189	80.8

注：①覆盖率为中国境外企业覆盖国家（地区）数量与国家（地区）总数的比率。②亚洲国家（地区）数量包括中国，覆盖率计算的基数未包括。

资料来源：《2020年度中国对外直接投资统计公报》。

2020年，中国对外直接投资覆盖18个行业大类（见表3-3）。其中，对外直接投资流量排行前三的行业大类为租赁和商务服务业、制造业、批发和零售业。排名第一位的是租赁和商务服务业，占当年流量总额的25.2%，同比下降了7.5%，主要投资于中国香港地区、新加坡和德国等国家和地区。制造业的投资金额为258.4亿美元，同比增长27.7%，占当年流量总额的16.8%。批发和零售业投资金额为230亿美元，同比增长18.3%，占当年流量总额的15%，主要投资于中国香港地区、新加坡、美国、德国等国家和地区。在18个行业大类中，卫生和社会工作、建筑业的同比增长最大，分别为178.3%和114.0%。除了租赁和商务服务业外，金融业、农/林/牧/渔业、水利/环境和公共设施管理业、教育、住宿和餐饮业都出现了同比下降的趋势。

表3-3　2020年中国对外直接投资流量行业分布情况　　单位：亿美元

行业	流量	同比（%）	比重（%）
租赁和商务服务业	387.2	-7.5	25.2
制造业	258.4	27.7	16.8
批发和零售业	230.0	18.3	15.0
金融业	196.6	-1.5	12.8
信息传输/软件和信息技术服务业	91.9	67.7	6.0
建筑业	80.9	114.0	5.3
交通运输/仓储和邮政业	62.3	60.6	4.0

续表

行业	流量	同比（%）	比重（%）
采矿业	61.3	19.5	4.0
电力/热力/燃气及水的生产和供应业	57.7	49.1	3.7
房地产业	51.9	51.8	3.4
科学研究和技术服务业	37.3	8.7	2.4
居民服务/修理和其他服务业	21.6	29.3	1.4
农/林/牧/渔业	10.8	-55.7	0.7
卫生和社会工作	6.4	178.3	0.4
水利/环境和公共设施管理业	1.6	-40.7	0.1
教育	1.3	-80.0	0.1
住宿和餐饮业	1.2	-80.0	0.1
文化/体育和娱乐业	-21.3	0.0	-1.4
合计	1537.1	12.3	100.0

资料来源：《2020年度中国对外直接投资统计公报》。

（三）中国对外直接投资发展的历史逻辑

中国对外直接投资发展不到40年，但中国在经济发展的较早阶段就进行了大规模的对外直接投资。2020年中国对外直接投资流量达到1537.1亿美元，成为世界第一大对外直接投资国。中国对外直接投资的快速发展并不是偶然事件，而是特定国际投资背景和中国特殊国情相互作用下的结果。

从国际直接投资资金来源来分析，在国际投资的初始形成阶段，国际投资的资金以私人投资为主，在1914年至1945年间，国际投资逐步转变为以国家（官方）投资为主。私人投资的资本规模和影响力远不及国家（官方）投资。因此，大部分的国家都是在经济发展的成熟阶段，即成为发达国家后才进行规模化的国际直接投资。在中国，国有企业是对外直接投资的主力军，在融资、投资政策支持等方面更有优势，因此加速了中国对外直接投资进程的步伐。中国对外直接投资跳过了私人投资向国家投资的发展过程。因此，发展比较迅速。

从国际投资环境来分析，受两次世界大战的影响，在国际投资的初始形成阶段和低迷徘徊阶段，国际投资环境较差，国际投资出现停滞的情况。同时，战争也削弱了参战国的国力，国际格局发生重大变化。“二战”后，美国一跃成为世界超级大国，除美国以外的发达资本主义国家多处于战后的经济恢复期，国际投资经历了一段恢复增长期。此时，国际投资主要从美国流向其他发达国家。

中国进行大规模对外直接投资可追溯至 2000 年，此时国际政治环境相对稳定，无战乱干扰，国际投资环境相对良好，这为中国企业对外直接投资提供了重要的外部条件。此外，中国经济的发展步伐与国际直接投资的发展节奏相契合。国际直接投资在 1980 年之后逐步进入快速发展期。此时，中国正好在 1978 年实施了对外开放政策，中国经济进入快速发展期。

对外直接投资符合中国经济快速发展的现实需要。1978 年，中国采取对外开放政策，积极吸引外商来华投资。外商来华投资不仅带动了中国经济的发展，也促进了中国技术的进步、管理的国际化，使中国顺利嵌入全球价值链，一举成为“世界工厂”。但随着中国经济实力的强大，人口红利逐渐消失，中国面临经济结构转型问题。“引进来”和“走出去”需相互促进。此时，中国经济更加注重创新，注重高附加值产品的生产。为此，中国进行了大规模的资源寻求型或市场寻求型的对外直接投资。

但对外直接投资也带来一些问题。自 2018 年以来，中国的外部环境不确定性逐步增加，中美贸易摩擦已由贸易领域扩展至直接投资领域。2018 年，美国颁布了《外国投资风险评估现代化法案》。2019 年，欧盟理事会通过了外资审查框架法案，自此中国企业到欧美等发达国家进行投资时面临着更为严格的监管。中国在发展中国家的投资也存在较大阻力。受东道国环境政策、土地政策约束和反华势力的影响，中国的劳动密集型企业在发展中国家的投资也并不顺利。

三、中国对外直接投资管理体制

企业对外直接投资的审批与管理涉及多个中央部委。各个部门各司其职，其中，商务部负责境外开办企业的核准，国家发改委负责境外投资项目的核准，国家外管局负责境外投资企业结售汇的管理。此外，境外投资的审批和管理制度还涉及财政部、国务院国资委、工信部、中国人民银行和银保监会。考虑到商务部、国家发改委和国家外管局是对外直接投资政策的主要负责部门，因此，本章仅探讨这三个部门出台的政策。

表 3–4　各部门审批与管理职责

部门	职责
商务部	负责境外开办企业的核准
国家发改委	负责境外投资项目的核准
国家外管局	负责境外投资企业结售汇的管理
财政部、国务院国资委、工信部	针对各自负责的国有资产进行管理
中国人民银行、银保监会	对金融机构进行管理

自 2002 年以来，商务部、国家发改委和国家外管局根据国内外经济政治形势，结合中国企业对外直接投资的步伐，制定了相应的审批政策和支付政策，来监管和引导中国企业境外投资行为。本章从商务部、国家发改委和国家外管局网站上筛选出最为重要的 133 项法规，并根据这 133 项法规对企业对外直接投资政策进行定性分析。

笔者将对外直接投资政策分为鼓励性、中性和规范性三类。鼓励性政策的判断标准为：以鼓励境外投资为主，包括放开审批权限、境外投资产业引导政策、提供国别投资和风险引导政策、提供资金支持等。这些政策的出台会对企业的对外直接投资决策产生正向或是鼓励性的影响。中性政策的判断标准为：以境外投资统计制度、年检和绩效评估、境外人员安全管理、信用体系建设等内容为主。对企业对外直接投资决策的导向性较小，故定性为中性政策。规范性政策的判断标准为：以规范对外直接投资为主，包括收紧审批权限、限制特定行业投资范围、加强投资真实性和合规性审查等。

如表 3-5 所示，2002 年至 2016 年，商务部发布了 19 部鼓励性政策，36 部中性政策；国家发改委发布了 12 部鼓励性政策，5 部中性政策；国家外管局发布了 21 部鼓励性政策，11 部中性政策。2017 年至 2018 年，商务部发布了 2 部鼓励性政策，5 部中性政策，4 部规范性政策；国家发改委发布了 7 部鼓励性政策，4 部中性政策，3 部规范性政策；国家外管局发布了 4 部中性政策，1 部规范性政策。

表 3-5　政策类型

单位：部

年份	审批类政策						支付类政策		
	商务部			国家发改委			国家外管局		
	鼓励性	中性	规范性	鼓励性	中性	规范性	鼓励性	中性	规范性
2002	1						1		
2003							2		
2004	4	2		2				1	
2005	1						2	4	
2006		1		1			1	1	
2007		2			1			1	
2008		1					1	2	
2009	2	1		1			2		
2010	2	2		1	1		2	1	
2011		1		1			1		
2012	2	2		2	1		4	1	
2013		8							
2014	1	5		4	2		3		
2015	3	7					2		

续表

年份	审批类政策						支付类政策		
	商务部			国家发改委			国家外管局		
	鼓励性	中性	规范性	鼓励性	中性	规范性	鼓励性	中性	规范性
2016	3	4							
2017	1	2	3	6	3	3		3	1
2018	1	3	1	1	1			1	

资料来源：作者根据相关网站公布的政策内容统计获得。

四、中国对外直接投资政策演变

对外直接投资政策分为审批政策和支付政策。2002 年至 2016 年，商务部、国家发改委和国家外管局未发布规范性政策，政策多以鼓励为主。因此，将 2002 年至 2016 年设定为对外直接投资政策的发展期。而在 2017 年至 2018 年，商务部、国家发改委和国家外管局开始发布规范性政策，对境外投资不都是以鼓励为主，而是开始出现规范投资的态度，故将 2017 年至 2018 年设定为对外直接投资政策的规范期。

基于此，下文梳理了发展期和规范期的对外直接投资政策，包括审批政策和支付政策。

（一）发展期内中国对外直接投资政策演变

从 2002 年至今，国家先后提出了“走出去”战略和“一带一路”倡议，鼓励企业进行对外直接投资，企业海外投资规模快速扩张。相关部委紧跟国家大政方针，在此期间制定了大量的政策鼓励企业“走出去”。

1. 审批政策

商务部和国家发改委作为审批管理部门，出台了大量的政策鼓励企业进行对外直接投资。在此期间，商务部和国家发改委发布的与对外直接投资相关的政策法规分别为 55 部和 17 部。政策出台较为频繁的年份有 2004 年、2009 年、2013 年、2014 年、2015 年和 2016 年。在这 15 年间，商务部和国家发改委主要从审批管理制度、资金支持和引导服务这三个层面出发，制定相应的对外直接投资政策，鼓励和促进中国企业“走出去”。

第一，审批管理制度逐步放开，经历了审批制、核准制和备案制三个阶段。审批管理制度的改革，简化了对外投资的审批程序，提高了企业对外直接投资的便利性。第一步，从审批制向核准制改革。2004 年 8 月 31 日和 10 月 1 日，商务部先后发布《关于内地企业赴香港、澳门特别行政区投资开办企业核准事项的规定》和《关于境外投资开办企业核准事项的规定》，明文规定商务部负责核准中央企业，省级商务主管部门负责核准地方企业。从 2004 年的《境外投资项目核准暂行管理办法》到 2009 年的《境外投资管理办法》，对对外直接投资的审批和管理权限进一步下放。第二步，从核准制向备案制改革。2014 年《境外投资项目核准和备案管理办法》的发布，大幅下放境外投资项目管理权限。

第二，资金支持力度加大，缓解境外投资企业的融资约束。2004 年，设立“境外投资专项贷款”，对外直接投资企业享受出口信贷优惠利率。2005 年发布的《关于实行出口信用保险专项优惠措施支持个体私营等非公有制企业开拓国际市场的通知》，为非公有制企业“走出去”提供政策上的资金支持。

第三，逐渐开始强调服务职能，为企业“走出去”提供引导。从 2006 年起，陆续发布了《境外投资产业指导政策》《境外投资产业指导目录》《境外投资管理办法》，为对外直接投资企业提供了很好的政策指引。

2. 支付政策

国家外管局在 2002 年至 2016 年发布的与对外直接投资相关的政策法规共 32 部。2005 年、2009 年和 2014 年政策出台较为频繁。在此期间，对企业的外汇管理越来越宽松，主要体现在汇回利润保证金制度、外汇资金来源审查、外汇管理制度、境外放款、前期报告和年检制度这五个方面。第一，汇回利润保证金制度逐步取消。2002 年，国家外管局宣布从当年 11 月 15 日起取消境外投资汇回利润保证金制度。第二，资金来源审查逐步放开。从 2003 年起，国家外管局逐步简化了外汇资金来源的审查；2009 年，取消了外汇资金来源审查。第三，外汇管理制度逐步放宽。标志着外汇管理由审批制向核准制转变的政策是于 2006 年发布的《关于调整部分境外投资外汇管理政策的通知》。第四，境外放款逐步放松。从 2009 年至 2015 年间，国家外管局逐步放松了对企业的境外放款审批，放款手续进一步简化。第五，前期报告和年检制度逐步完善。2002 年开始实行年检制度，根据年检情况对企业进行评级。2005 年发布的《关于 2005 年境外投资联合年检和综合绩效评价工作有关事项的通知》，要求企业在确定境外并购意向之后，需向相关部门报告。

（二）规范期内中国对外直接投资政策演变

自 2016 年以来，对外直接投资中的理性投资比例下降，大量资本随着对外直接投资活动扩大而流向国外，导致资本外逃比例加大。部分企业境外投资过于激进，大量举债进行投资，引发债务担忧。2015 年“811 汇改”加大了汇率贬值压力，大规模、不平衡的对外直接投资对国际收支平衡和汇率稳定造成不利影响，引发当局对资本外逃的担忧。因此，2017 年之后，中国政府对境外投资政策的基调开始转向，从鼓励性向规范性转变。在规范期，审批政策和支付政策的具体演变如下。

1. 审批政策

2017 年至 2018 年，商务部和国家发改委颁布的与对外直接投资相关的政策法规分别为 11 部和 14 部。

2017 年属于政策密集发布期。该时期政策的基调以引导和规范境外投资为主。2017 年，《关于进一步引导和规范境外投资方向的指导意见》的出台，标志着对外直接投资政策由鼓励向规范转变，该意见明确了限制类境外投资行为，包括房地产、酒店、影城等。其后出台的《企业境外投资管理办法》成为境外投资管理的基础性制度，该办法涉及境外投资指导和服务、境外投资项目核准和备案等方面。

2. 支付政策

国家外管局在2017年至2018年间，颁布了5部与对外直接投资相关的政策法规。2017年国家外管局密集发布4部政策法规。政策重点是加强境外直接投资的真实性和合规性的审核。2017年，《国家外汇管理局关于进一步推进外汇管理改革完善真实合规性审核的通知》和《国家外汇管理局关于金融机构报送银行卡境外交易信息的通知》的印发，逐渐规范了境外直接投资的投资资金手续，对“走出去”企业的金融活动加强了监管。

五、中国对外直接投资政策实施情况

对外直接投资管理涉及的面较广，在制定对外直接投资政策时，往往会发生多个部委联合发布政策的情况，或是各部委分别制定政策来执行中央的大政方针。各部委在政策实施方面的配合，审批政策管理部门和支付政策管理部门配合的默契程度，都会直接影响到政策的实施效果。下文从政策方向、政策力度和时机的角度，分析部委间的政策配合情况。

1. 政策方向配合

在发展期，审批政策和支付政策方向配合较为协调。从审批政策角度来说，商务部和国家发改委在审批权限和审批程序上逐步放开，提高企业对外投资的便利性。国家外管局在支付政策上也进行了相应的鼓励性配合，逐步取消境外投资汇回利润保证金制度，放宽资金来源审查，外汇管理制度简化。

在规范期，审批政策和支付政策在政策方向上存在不太一致的情况。从审批政策角度来看，商务部和国家发改委在审批政策上逐步收紧，但也出台了部分针对“一带一路”沿线国家的鼓励性国际投资政策。例如，在2017年对外直接投资政策出现转折的情形下，国家发改委出台了多部鼓励性政策法规。在支付政策方面，国家外管局在规范期并未出台相应的态度鲜明的规范性支付政策。在该时期，国家外管局的整体政策导向偏中性。

2. 政策力度和时机配合

对于审批政策而言，商务部和国家发改委在2004年至2017年出台的两部重要的对外直接投资政策，在政策力度和政策发布时间上保持一致。两个审批部门联合出台鼓励性政策和规范性政策，对中国的境外投资产生了引导性的影响。在提供“护航”服务相关政策方面，多是商务部先出台政策，国家发改委其后发布类似的政策相配合。此外，商务部和国家发改委政策引导的侧重点略有不同。商务部在执行审批职能外，侧重于出台与境外投资安全、环境保护、企业文化、风险防范、统计工作等相关的政策。而国家发改委更多地侧重于制定与产业相关的政策，诸如与粮食、物流、铁路、海洋经济、半导体照明产业等相关的海外发展政策。

对于支付政策而言，国家外管局多是在商务部和国家发改委发布政策的次年发布相应的外汇管理政策，或是根据部门所面临的国内外形势来制定支付政策。总体而言，国家外管局在政策力度和政策方向上积极与商务部和国家发改委的政策保持一致，但在政策发布时间上，相对滞后或是错峰于商务部和国家发改委的政策出台时间。可能的原因在于，国家外管局的主要职能是防范国际收支风险、促进国际收支平衡、稳定汇率，与商务部和国家发改委进行政策配合时，国家外管局会综合考量自身的职能要求。例如，2016年外汇储备绝对值逼近3万亿美元关口。国家外管局在2017年出台了一系列政策维护汇率稳定，加强境外投资真实性、合规性审核。但是，在2017年下半年，商务部和国家发改委密集发布政策限制和规范境外投资时，国家外管局并未出台支付政策配合此类政策的发布。

六、中国对外直接投资政策未来走向

随着国际直接投资形势的变化，中国面临的内外部环境更加复杂。如何制定出更加有效的对外直接投资政策来引导和规范中国企业“走出去”，成为中国政府和企业面临的一个重要问题。下文结合对外直接投资的现状，分别从审批政策和支付政策角度，对企业对外直接投资政策的未来发展方向进行分析和判断。

1. 审批政策方向

针对不同的国家（地区）和行业，境外投资相关的审批政策力度和方向会出现分化。例如，对于“一带一路”沿线国家（地区）的对外直接投资，政府部门会更多地制定鼓励性的政策，积极引导和鼓励企业到“一带一路”沿线国家（地区）进行投资。

对于高新技术产业、基础设施、制造业、农业等行业的鼓励性政策力度会加大。对于房地产、酒店、影城、娱乐业、体育俱乐部等行业以及可能涉及资本外逃等问题的境外投资，会进一步收紧和规范，加大审核力度。

更加注重“护航”服务，为对外直接投资企业提供风险提示，保护中资企业海外利益。在当前形势下，中资企业对美国和欧盟投资的阻力在加大。2018 年爆发的中美贸易摩擦已由贸易领域扩展至直接投资领域。美国以国家安全为由，出台了一系列政策，使中国企业海外投资频频受阻。2018 年，美国财政部颁布《外国投资风险评估现代化法案》。2019 年，欧盟理事会通过了外资审查框架法案。该法案实施后，中国企业到欧盟进行投资会面临更为严格的监管。此外，欧盟、澳大利亚、印度等国家或地区纷纷出台限制外商并购的政策和法规。在国际直接投资环境恶化、投资风险加剧的情况下，商务部和国家发改委及相关部门可能会发布风险提示以及与海外利益保护相关的政策，保障中资企业海外利益。

2. 支付政策方向

国家外管局作为支付政策制定部门，会更加注重境外投资真实性、合规性审核，以防资本外逃情况的发生。此外，为推动人民币国际化，国家外管局和中国人民银行可能会出台鼓励性政策，鼓励境外投资企业在“一带一路”沿线国家使用人民币进行结算。

七、研究结论

本章分析了中国企业对外直接投资的制度背景，得出如下主要结论：

从 2002 年至今，中国对外直接投资经历了成长期、发展期和回调期三个阶段。以 2017 年为分水岭，可将对外直接投资政策所处阶段区分为发展期和规范期。

在发展期，由商务部和国家发改委发布的境外投资审批政策，经历了审批制、核准制和备案制三个阶段。审批政策部门开始为对外直接投资企业提供更多的“护航”服务。国家外管局作为主要的支付政策制定部门，从汇回利润保证金制度、外汇资金来源审查、外汇管理制度、境外放款、前期报告和年检制度五个方面，逐步放宽了对境外投资企业的监管。

在规范期，中国企业对外直接投资政策开始收紧，审批政策基调从鼓励向引导及规范转变。在此期间，国家外管局在支付政策制定方面并未完全收紧，只是更加注重境外投资真实性、合规性审核。支付政策在配合审批政策方面存在一定的时滞性。

未来的对外直接投资政策方向可能有三个：一是针对不同的国家（地区）

和行业，相关的审批政策力度和方向会出现分化。二是商务部和国家发改委会更加注重“护航”服务，为境外投资企业提供风险提示，保护中资企业海外利益。三是国家外管局作为支付政策制定部门，会更加注重境外投资真实性、合规性审核。

最后，无论采取何种对外直接投资政策，中国政府都应该加强对境外投资项目真实性和合规性的审核。中国政府在对外直接投资政策制定上，需要考虑当前国内外经济政治形势，坚持渐进、可控和审慎的原则。

第四章

中国涉外税务问题研究：基于“一带一路”沿线国家视角[①]

① 本章内容已发表。陈胤默，张晓瑜，温权．“一带一路”倡议下中国涉外税务问题研究［J］．海外投资与出口信贷，2021（1）：21-27.

随着“一带一路”倡议的深入，税收问题日益成为我国企业“走出去”的重要考量因素。本章基于“一带一路”倡议的大背景，分析我国涉外税务的发展现状，指出我国涉外税务发展存在企业所得税税率偏高、避免双重征税制度较为单一、间接抵免限制较多等问题。通过降低企业所得税税率，将现行避免双重征税制度由抵免法转为免税法，充分利用现有合作平台加强反避税监管等途径，为我国对外直接投资企业降税减负，助力企业“走出去”。

一、引言

随着“一带一路”倡议的深入，我国企业“走出去”呈快速增长势头。截至2019年底，我国在“一带一路”沿线国家设立境外企业超过1万家，2019年当年实现直接投资186.9亿美元，同比增长4.5%，占同期流量的13.7%；年末存量1794.7亿美元，占存量总额的8.2%①。在企业对外直接投资过程中，税收问题是企业需要考虑的重要决策因素。税收政策作为一项积极有效的宏观调控手段，理应在支持我国企业对外直接投资实践中发挥积极作用。目前，在我国企业“走出去”过程中，企业受税收因素的制约仍然较大。基于此，本章通过分析“一带一路”倡议下我国涉外税务的发展现状和存在问题，提出相关政策建议。

---

① 资料来源：《2019年度中国对外直接投资统计公报》。

二、文献综述

随着“一带一路”倡议的深入，国际税收问题日益成为学界探讨的重要问题，特别是国际税收中的避免双重征税问题。当前，学界讨论的焦点在于是否将抵免法改为免税法。

部分学者认为我国应彻底将避免双重征税制度由抵免法改为免税法。宋小宁和葛锐（2014）认为，我国现行抵免法导致的税收流失为我国向免税法转变提供了改革可能，从降低纳税遵从成本和保护税收合法权益的角度出发，由抵免法转为免税法对我国税收收入影响微乎其微，同时可以提高我国企业活力、增强企业国际竞争力。朱青（2015）认为，在经济全球一体化背景下，各国政府往往以各种财税政策支持本国企业到海外投资。与此同时，我国现有的税收抵免制度较难满足企业跨国经营的需求，放弃全球所得征税利益而实行免税法，其优势较为明显。在我国现有抵免法制度中引入免税法，同时适度降低我国企业所得税税率，可以减少我国企业跨境经营的阻碍及问题（计金标和应涛，2017）。在“一带一路”倡议下，我国应将避免双重征税方法由抵免法改为免税法（李旭红等，2017）。

但也有学者认为，我国的避免双重征税制度应继续保留抵免法，不宜直接转为免税法。张京萍和李敏（2006）认为，完善税收抵免制度可以考虑在抵免限额计算或抵免方法上进行选择，例如采用综合限额抵免法。这样不仅有利于纳税人发展，还可以简化计算，为征纳双方提供便利。张胜民（2011）基于发达国家从属人征税制度转向属地征税制度，认为我国应尽早完善避免双重征税税收制度，但不适合改用免税法。我国应借鉴“海外参股免税”机制，着重优化我国现行避免双重征税的分国限额抵免法（葛夕良，2014）。朱为群和刘鹏（2016）认为，对于近期境外所得税改革目标，可以选择将分国限额抵免改为综合限额抵免、对返程控股模式予以抵免、改进税收协定谈签执行等方式。

三、中国涉外税务发展现状

随着我国经济的发展，我国涉外税收政策在不断地改革和完善。2007 年 3 月 16 日，第十届全国人民代表大会第五次会议通过了《中华人民共和国企业所得税法》。该法的实施不仅代表着我国的所得税制从此走上规范化、现代化、法制化的轨道，更标志着历经 13 年的内外资两套企业所得税制的终结。该法废止了只允许跨国经营企业办理境外税收直接抵免的方法，而允许更多企业进行多层间接抵免。

但是，随着我国企业“走出去”进程的加快，现行分国限额抵免法已经难以适应经济发展的需求。主要原因在于：现行税制中三层抵免层级过少，与我国当前境外投资企业的实际经营情况存在较大差距。同时，对于在多个国家或地区投资经营的企业而言，分国限额抵免法往往会导致企业出现抵免不足、税收成本增加、国际竞争力减弱等问题，对外直接投资企业不得不承受双重税收负担。

为解决以上问题，财政部和国家税务总局在 2017 年印发《关于完善企业境外所得税收抵免政策问题的通知》，赋予纳税人选择权。该通知规定，除在我国以往避免双重征税中只可以选择“分国（地区）不分项限额抵免法”之外，新增不按国别（地区）汇总计算方法，即“综合限额抵免法”。上述两种方式一经选择，5 年内不得变更。同时，将原有的三层抵免扩大为五层抵免，抵免层级增多[①]（见表 4-1）。该政策的实施可以为我国企业境外投资和经营提供更有力的支持，可以更大程度地降低企业税收负担，助力企业海外

① 资料来源：国家税务总局，http：//www.chinatax.gov.cn/n810341/n810755/c3001532/content.html。

投资与经营。

表 4-1　我国涉外税务发展历程

时期	法规名称	具体规定	实施背景
1980 年	《中外合资经营企业所得税法》	1. 境外所得抵免制度； 2. 确定双边税收协定优先原则，协定优先国内法	改革开放以来，经济快速发展，对外开放水平不断提升，中国国民经济走上正轨
20 世纪 90 年代至 2008 年	《外商投资企业和外国企业所得税法》《境外所得计征所得税暂行办法》	1. 外资和内资企业所得税制度统一； 2. 内资企业只采用抵免法； 3. 外资企业采用抵免法和扣除法消除双重征税	1995 年中国正式提出加入世界贸易组织（WTO）的申请，1996 年和 1997 年两次大幅度降低关税税率，分步取消多种非关税壁垒，并于 2001 年 12 月 11 日正式成为 WTO 成员
2008 年至 2010 年	《企业所得税法》《关于企业境外所得税收抵免有关问题的通知》《企业境外所得税收抵免操作指南》	1. 居民企业采用直接抵免和间接抵免； 2. 非居民企业，由扣除法改为抵免法，且仅限于直接抵免	2008 年受美国次贷危机影响，中国经济增长缓慢。2009 年中国经济率先实现“V”形反转，经济稳步增长，国内外经济环境得到显著改善，各项经济指标呈现良好的增长态势
2017 年	《关于完善企业境外所得税收抵免政策问题的通知》	1. 在现行分国不分项限额抵免法基础上，增加不分国别（地区）不分项的综合抵免方法； 2. 将间接抵免的三层抵免扩大至五层抵免	“一带一路”倡议的提出给我国企业对外直接投资的效率提升和结构优化提供了宝贵的机会。中国企业对外直接投资增长迅速，2019 年对外直接投资流量虽有下降，但对外直接投资存量仍居全球第三位，仅次于美国和荷兰

资料来源：作者整理。

四、中国涉外税务面临的困境

虽然我国的涉外税务能够与时俱进，不断发展完善，以适应经济形势的变化。但是，在我国现行涉外税务法规中，依然存在一些亟待解决的问题，具体表现为企业所得税税率偏高、避免双重征税制度较为单一、间接抵免限制较多。

（一）企业所得税税率偏高

与“一带一路”沿线国家税率相比，我国的企业所得税税率相对较高。企业境外收入主要包含资本利得、公司经营所得、投资所得和其他所得等。在“一带一路”沿线国家中，除叙利亚的企业税税率采用累进税率外，其他国家大都采用比例税率。“一带一路”沿线国家的公司经营所得和其他所得类平均税率为18%，股息所得类平均税率为5.37%，除股息之外的投资所得类平均税率为11.76%，资本利得类平均税率为16.64%，各类企业所得税率只有极个别利得项目高于我国，还有接近1/3的国家对企业不同性质收入实行免税政策。相对而言，我国企业所得税税率偏高，标准税率达到25%。

根据商务部公布的《中国对外投资发展报告（2019）》，笔者将2019年“一带一路”沿线国家投资流量排名前十位的国家（见表4-2）进行比较，发现除孟加拉国的企业所得税税率高于我国外，其他国家均比我国低。[①] 这说明我国企业在“一带一路”沿线国家投资时，在汇回利润抵免后，仍需缴纳母国与东道国税率差额部分的境外所得税款。这直接影响了我国企业在国际市场的竞争力。

世界经济论坛发布的《2019全球竞争力报告》显示，在全球竞争力评比中，我国排名靠前的一级指标是市场规模（第1位）和宏观经济环境（第39位）；在细分指标中，与税率相关的排名都在第100位开外，例如，贸易关税指标排名第123位。

① 由于阿联酋国情特殊、税率复杂，暂不纳入比较范围内。

表 4-2　2019 年“一带一路”沿线国家投资流量排名前十的国家企业所得税情况①

国家	企业所得税或公司税税率	税基
新加坡	企业所得税的税率标准为 17%，其中正常应税所得中，前 10000 新加坡元的部分可享受 75%的税收减免；10001～200000 新加坡元的部分可享受 50%的税收减免；剩余部分按 17%的税率缴纳企业所得税。此外，2020 年纳税年度内，企业可获得 25%的企业所得税减免，上限不超过 15000 新加坡元	在新加坡产生的收入或来源于新加坡的收入（新加坡来源），或在新加坡收到来源于新加坡境外的收入（境外来源），均须在新加坡纳税，除非另有豁免
印度尼西亚	适用于居民企业和常设机构的税率为 25%；印度尼西亚对中小微型企业有税收鼓励，减免 50%的所得税	居民企业及常设机构须就来源于印度尼西亚境内外的收入缴纳企业所得税
马来西亚	马来西亚公司所得税税率为 24%。当中小型居民公司一个课税年度业务收入总额不超过 5000 万林吉特时，对其取得的 60 万林吉特以内的收入适用 17%的所得税税率，超过部分的所得适用 24%的所得税税率	居民纳税人履行无限的纳税义务，就来源于马来西亚境内外的所得向政府缴税
老挝	有法人资格的企业按 24%的税率缴纳利润税；进口、生产和销售烟草产品的企业需按 26%的税率缴纳利润税	居民企业应就其来源于老挝境内的利润以及其在海外经营所得的利润缴纳利润税
越南	基本税率为 20%；在越南境内从事油气勘测、勘探、开采活动的企业，企业所得税税率为 32%～50%	居民企业来源于越南境内、境外的所得缴纳企业所得税；企业所得税是根据企业利润课征
阿拉伯联合酋长国	实行 0%～55%的累进税率	采用属地原则来征税，只有来源于相关酋长国的收入才需要纳税
柬埔寨	所得税通常按照 20%的税率征收；石油天然气开采、天然资源勘探等包括木材、矿藏、黄金和宝石开采所产生的利润按照 30%的税率征收	实行全国统一的税收制度，并采取属地税制

① 表 4-2 中主要列示居民企业所得税情况。

续表

国家	企业所得税或公司税税率	税基
泰国	一般按20%的企业所得税税率计算应纳税款	泰国企业所得税是对在泰国经营或未在泰国经营但取得来源于泰国的特定收入的企业征收的一种直接税。泰国企业每年进行两次申报纳税，以应税收入减去相关费用、扣除项目后的余额作为应纳税所得额
俄罗斯	企业所得税的税率为20%；其中3%的税率支付给联邦预算，17%的税率支付给联邦主体预算	全球范围内的收入减去根据《税法典》第25章所列费用后的利润，即全球范围内的应纳税所得额
孟加拉国	上市公司税率为25%，非上市公司（包括以盈利为目的的法人团体）税率为32.5%	居民企业应就其来源于孟加拉国境内、境外所得缴纳企业所得税；且境外产生的亏损可用于抵扣境内所得收入

资料来源：作者根据国家税务总局的“国别（地区）投资税收指南”整理获得，http://www.chinatax.gov.cn/n810219/n810744/n1671176/n1671206/index.html。

（二）避免双重征税制度较为单一

我国避免双重征税制度存在税收征管较为单一的问题。财政部和国家税务总局于2017年印发的《关于完善企业境外所得税收抵免政策问题的通知》规定，纳税人具有选择权，可在分国限额抵免法和综合限额抵免法中选择适合本企业的方法进行境外所得抵免纳税。同时，规定要求纳税人一经选择五年内不得变更。

从短期来看，这一政策改革可以为我国企业境外投资提供更有力的支持，较以往更大程度地降低企业税收负担，激发企业境外投资活力。但是从长远来看，这个选择权始终还是在抵免法的范畴内，并且抵免方法一旦选择，五年内无法变更。这对于境外投资环境时刻变化的跨国经营企业而言，其消除双重征税问题的作用并不彻底。同时，在现实经营活动中亦存在较大束缚。

在我国企业所得税税率处于全球偏高水平和现行抵免法税收制度不完备的双重压力下，如果我国企业到税率高于我国的东道国投资时，需要承担比在我国境内投资更高的企业所得税，从而导致投资企业经营成本增加；而到税率低于我国的东道国投资时，我国企业在境外按照低税率缴纳境外所得税款后，仍要按照我国企业所得税税率和东道国低税率之间的差额，在我国主管税务部门补缴境外所得税款，无法享受低税率东道国的低税负优势。

同时，在现行抵免法制度下，企业还要面临复杂而烦琐的境外所得计算问题。境外所得是关系到母国和东道国税基大小的国际问题，涉及国家之间的税收管辖权。如果我国企业选择了分国不分项抵免法，则不仅需要将境外所得拆分为不同的国家进行不分项目的核算，而且必须按照我国的企业所得税法规定进行纳税调整，实际操作中还要提供境外各类纳税凭证或单据，这会造成大量人力、物力的消耗。

（三）间接抵免限制较多

我国现行的间接抵免法存在较多限制问题。根据《关于完善企业境外所得税收抵免政策问题的通知》的规定，我国现已将企业跨国经营中的股息所得，在计算可抵免所得额和抵免限额时，由之前的三层变更为五层。① 对于跨国经营的企业而言，抵免层级从三层增加至五层固然是利好的消息。但是，对于某些特殊行业，例如军工企业或资源型企业，五层抵免并不能满足企业现实的经营需求。从国家安全的角度出发，该类企业通常需要在母公司和海外子公司之间设立多层企业，以此来持有海外目标企业的股权。目前世界多数国家的抵免层级都在六层及以上，我国即使改为五层抵免，仍然无法达到国际普遍水平。在全球经济高速发展的今天，跨国公司股权架构的多层性与我国五层抵免制度的矛盾逐渐加深，充分说明抵免法已无法完全适应现在及

① 在计算企业境外股息所得的可抵免所得税额和抵免限额时，限于按照财税〔2009〕125 号文件第六条规定的持股方式确定的五层外国企业，即：第一层：直接持有 20% 以上股份的外国企业；第二层至第五层：单一上一层外国企业直接持有 20% 以上股份，且由该企业直接持有或通过一个或多个符合财税〔2009〕125 号文件第六条规定持股方式的外国企业间接持有总和达到 20% 以上股份的外国企业。

未来国际投资新环境的需要。

五、国际税收发展的新趋势

近年来，世界主要国家在不断进行税制改革，以此来增强本国的经济活力。以下分别介绍“一带一路”沿线国家、美国和欧盟的税制改革情况。

（一）“一带一路”沿线国家税制改革

近年来，“一带一路”沿线国家的税收制度改革呈现多样化趋势，比如采取简化税制提高中小企业活力、出台各类税收优惠政策吸引投资、降低税率、减轻企业负担、制定相关税收政策鼓励企业创新科研等。如表 4-3 所示，2019 年至 2020 年，有 7 个国家调整了企业所得税税率。“一带一路”沿线国家税率的调整，会影响到其对外商直接投资的吸引力。在我国，企业在低税率国家投资经营所得仍需要按照我国企业所得税税率与东道国税率差额补缴企业所得税，这无疑成为我国企业境外投资的障碍之一。

表 4-3　2019—2020 年“一带一路”沿线国家企业所得税税率变化情况

序列	国家	税率调整情况
1	马来西亚	对中小型居民企业首次取得 50 万林吉特以内的所得所适用的税率进行了两次下调，2017 年将税率从 19%下调为 18%，2019 年从 18%下调为 17%
2	印度尼西亚	印度尼西亚财政部部长英卓华于 2019 年 9 月 3 日接受采访时表明了未来印度尼西亚税率调整的范围，2021 年印度尼西亚的公司税计划将从原先的 25%调降至 20%，拥有至少 40%公共股权的企业税率也将从 20%调降至 17%
3	菲律宾	自 2020 年 1 月 1 日起，企业所得税税率降低至 29%；到 2029 年 1 月 1 日，企业所得税税率将逐渐降低至 20%
4	土耳其	2018 年、2019 年和 2020 年，所有企业的公司所得税税率从 20%提高到 22%
5	阿富汗	2019 年 5 月，阿富汗财政部向议会下院递交了新修订的《所得税法（草案）》，新法将对制造商免征 3 年所得税，并降低征税标准，简化缴税程序

续表

序列	国家	税率调整情况
6	斯里兰卡	根据斯里兰卡税务局于2020年4月颁布的《国内税收法》修正案，自2020年1月1日起，斯里兰卡的企业所得税税率分为四个档次，分别为40%、24%、18%和14%。其中，企业所得税一般税率为24%
7	乌兹别克斯坦	2019年乌兹别克斯坦政府对《税法》进行了修订，新修订的《税法》自2020年1月1日起生效，一般企业所得税税率从12%提高至15%

资料来源：作者根据国家税务总局的“国别（地区）投资税收指南”整理获得，http://www.chinatax.gov.cn/n810219/n810744/n1671176/n1671206/index.html。

（二）美国税制改革

2017年4月26日，美国正式公布新税改计划，这是美国历史上最大的减税计划。该税改计划意在激发美国经济增长活力，提高美国在全球经济一体化中的竞争力。

美国新税改主要集中于降低企业税率、减轻个人税负、增加海外收入三方面。其中最关键的一项就是企业税率由35%降低至15%，税率降低幅度超过100%。在过去的几十年中，美国的企业税率一直没有改变。与其他发达国家相比，美国35%的企业所得税税率偏高，明显高于日本、加拿大、德国、英国，略高于法国。美国新税改后的企业税率为15%，基本与加拿大、德国保持同等水平。同时，加拿大除企业税之外，还存在商品劳务税、社会保障税等附加税种；德国还存在10%~18%的营业税，相比之下，美国企业在现实经营活动中承担的综合税负会低于其他发达国家。新税改之后，美国依靠绝对低税率的竞争优势，对外资的吸引力大大增强。

美国新税改吸引各国投资者向美国投资，而其他国家为了留住本国境内外商投资者或本国大型企业，也效仿美国实施减税政策。虽然，从短期来看，减税政策会减少国家财政收入，但也可以起到“放水养鱼”的作用。减税政策的实施为企业创造了更加优良的营商环境，增强了企业投资活力，从而起到扩大税基的作用。因此，减税政策并不仅仅代表财政收入的减少。鉴于此，我们应当基于我国国情及经济发展需求，及早从战略高度进行谋划，改革税收制度，提高我国企业的国际竞争力。

（三）欧盟税制改革

欧洲大陆国家较早实行免税法。自1981年起，经济合作与发展组织的35个成员国纷纷从“全球化税制”转向“属地税制”，对跨国企业境外收入实行有限制条件的免税政策，使欧洲大陆国家的居民企业在国际竞争中处于有利的税收地位。2003年德国施行股息免税法，代替之前采用的抵免法；英国自2007年开始探讨研究实施税收属地原则的可行性，并最终在2009年正式执行；2009年日本也正式放弃抵免法改用免税法；法国则是规定对于取得符合规定的境外营业利润进行免税；比利时从2009年8月起，对于欧洲经济区国家的企业来源于比利时境内常设机构的股息免税。随着国家间资本的高速流动及跨国经营规模的壮大，各国为争夺有限的国际市场及提高本国企业的国际市场竞争力，大都已改为免税法，或正在逐步放弃抵免法而转向免税法。

欧洲央行前行长德拉吉坦言，美国新税改的实施会导致欧洲各国大概率地出台相关减税制度。英国自2021年起实行“英国全球关税”制度。虽然法国总统马克龙并不支持本国大幅度减税，但是会采用结构性改革来促进本国经济增长，而这也包括企业税率从33%下降至25%。2017年，匈牙利正式将本国原有的企业所得税分段税率调整为9%的统一税率，这使得匈牙利成为欧盟国家中企业税率最低的国家，其低税率对投资的吸引力远超过之前有“避税天堂”之称的塞浦路斯和爱尔兰。

六、“一带一路”倡议下中国涉外税务改革的对策建议

（一）降低企业所得税税率

适时和适度降低我国企业所得税税率势在必行。现阶段，全球的企业所得税税率均呈现下降趋势，尤其是“一带一路”沿线国家税率的降低，给我国带来了相应的压力。例如，与我国贸易往来密切的东南亚国家，不仅拥有较低的企业所得税税率，而且根据其税法规定，大部分国家对企业境外所得施行免税政策。

我国企业所得税税率自2008年后一直没有变动。在全球减税浪潮下，我国有必要加快减税步伐，在留住优秀企业、减轻企业税收负担的同时吸引国外投资者。2017年4月19日，李克强总理在国务院常务会议中指出，当前国际竞争非常激烈，很多国家都竞相发出“减税”信号。“所以我们要有‘抢跑’意识！企业埋头苦干、积极参与国际市场竞争，政府要通过减税降费，为企业创造更好的环境。”①

（二）将现行避免双重征税制度由抵免法转为免税法

为了给境外投资企业减税降负，建议将我国现行避免双重征税制度由抵免法转为免税法。目前，我国虽已引入综合限额抵免法，且将境外投资企业的抵免层级扩大到五层；但在抵免法制度下，我国企业到税率低于我国的国家进行投资依然需要补缴税款，而“一带一路”沿线国家多属于低税率国家。此时，抵免法制度的不足之处尤为凸显。

实行免税法可以弥补抵免法制度的不足，同时可以简化我国税务部门对境外收入的税收征管程序和手续，提高工作效率，降低征纳成本，提高纳税

① 中国政府网，http：//www. gov. cn/premier/2017-04/19/content_5187431. htm，2017-04-19。

遵从度。同时，可以助力我国企业进行资本优化配置，增强跨国经营企业的国际竞争力。

（三）利用现有合作平台加强国际税收监管与合作

充分利用现有国际合作平台加强国际税收监管，助力各国税收合作，打击偷税和反避税行为。我国现有反避税相关政策已与大部分东道国反避税制度接轨。例如，2013 年经国务院批准签署《多边税收征管互助公约》；为防止企业通过对外支付不合理费用转移利润，2015 年国家税务总局发布《关于对外支付大额费用反避税调查的通知》；2015 年国家税务总局施行《一般反避税管理办法（试行）》，标志着我国开始落实“应对税基侵蚀和利润转移（BEPS）行动计划”；截至 2020 年底，我国已对外正式签署 110 个避免双重征税协定①。随着经济全球化，我国应尽早引入国际先进税收监管措施，增强我国税收政策抵御恶意避税的能力。

参考文献

1. 葛夕良．论我国居民企业境外所得重复征税消除制度的优化［J］．财经论丛，2014（8）：22-29.

2. 计金标，应涛．“一带一路”背景下加强我国“走出去”企业税制竞争力研究［J］．中央财经大学学报，2017（7）.

3. 李旭红，郑鹏，赵倩．“一带一路”背景下中国境外所得免税法研究［J］．国际税收，2017（10）：48-52.

4. 宋小宁，葛锐．“走出去”企业境外投资所得税制：抵免法与免税法适用比较［J］．东北师大学报（哲学社会科学版），2014（1）：14-18.

5. 张京萍，李敏．对外投资税收政策的国际比较［J］．税务研究，2006

① 资料来源：国家税务总局，http：//www.chinatax.gov.cn/chinatax/n810341/n810770/index.html。

(4): 87-91.

6. 张胜民. 浅析我国对外直接投资的税收制度——在发达国家趋向属地征税的背景下 [J]. 涉外税务, 2011 (5): 32-36.

7. 朱青. 鼓励企业“走出去”与改革我国避免双重征税方法 [J]. 国际税收, 2015 (4): 6-10.

8. 朱为群, 刘鹏. “一带一路”国家税制结构特征分析 [J]. 税务研究, 2016 (7): 24-30.

第五章

税收政策与中国企业对外直接投资：基于不确定性视角①

① 本章内容已发表。陈胤默，孙乾坤，文雯，张晓瑜．母国税收政策不确定性与企业对外直接投资［J］．世界经济研究，2019（11）：65-79，135.

本章以 2004—2014 年中国 A 股上市企业为样本，基于母国视角，研究税收政策不确定性对企业对外直接投资的影响。研究结果表明，当税收政策不确定性上升时，企业对外直接投资的可能性会下降。进一步研究发现：银企关联和政府补贴可以缓解税收政策不确定性对企业对外直接投资的抑制作用；企业规模越小、成立时间越短、债务水平和税负水平越高，企业对外直接投资受税收政策不确定性的抑制作用越大；当对外直接投资企业的总部所在省份 GDP 较高时，其对外直接投资受税收政策不确定性的影响较大。本章拓展了税收政策不确定性和企业对外直接投资领域的相关研究，为更有效地发挥税收政策对企业“走出去”的促进作用、增强企业在“走出去”过程中应对外部风险的能力提供了有价值的政策启示。

一、引言

税收政策是经济政策的重要组成部分，在企业经营活动中发挥着特殊作用，且企业税收成本的高低与企业的对外直接投资行为之间也存在着密切联系。因而，税收政策的变动将对企业“走出去”产生重要影响。中国税收体系庞杂，且近年来中国的税收政策变动频繁，由此产生的税收政策不确定性会直接影响到企业的对外直接投资决策。进一步地，税收助力“一带一路”也已成为当前针对企业对外直接投资（Outward Foreign Direct Investment,

OFDI）讨论的热点话题之一。在中国企业不断扩大对外直接投资规模的背景下，基于母国视角，探讨税收政策不确定性对企业对外直接投资的影响具有重要的理论和现实意义。

税收作为财政政策的主要手段，其政策的不确定性问题已引起诸多学者的普遍关注。朱军（2017）将税收政策不确定性定义为体制外或体制内因素导致政策实施过程中的承诺不一致、政策多变下的市场反应呈现不确定性特征，以及其导致的经济不确定性结果。饶品贵等（2017）认为经济政策不确定性是由于经济政策在制定过程中所伴随的不可预测性、不透明性和模糊性所致。经济政策不确定性包括政府落实政策方面的不确定性、政府采取一种完全不同立场的可能性以及政府政策变化所导致的不确定性（Feng，2001；Le & Zak，2006）。经济政策不确定性的增加会导致经济活动参与者的决策成本和风险增加，进一步影响到经济环境和经济发展。本章将税收政策不确定性定义为税收政策在制定过程中所伴随的不可预测性、不透明性和模糊性。税收政策不确定性包括政府及税务部门落实税收政策方面的不确定性、政府及税务部门采取一种完全不同立场的可能性以及税务部门在税收征管强度上的不确定性。

当前中国并没有为企业跨国经营制定专门的税收政策，中国企业对外直接投资所遵循的税收规章制度依旧建立在中国现行的税收制度之上。在中国现行的 17 个税种中①，与 OFDI 跨国经营关联最主要的税种是企业所得税和个人所得税。此外，OFDI 跨国经营还涉及增值税、消费税和关税等。举例而言，OFDI 在国内采购并运往境外作为在国外投资的货物，国家准予退还或免征其增值税和消费税；在进出口货物时还会涉及关税。此外，针对企业资本的跨国流动，许多国家通过签订税收协定来协调税收关系，以此避免国家间

① 中国现行的税种共 17 个，分别是：增值税、消费税、企业所得税、个人所得税、资源税、城市维护建设税、房产税、印花税、城镇土地使用税、土地增值税、车船使用税、船舶吨税、车辆购置税、关税、耕地占用税、契税、烟叶税。只有个人所得税、企业所得税和车船税通过全国人大立法，其他绝大多数税收事项都是依靠行政法规、规章及规范性文件来规定。

重复征税和可能出现的偷逃漏税等情况。

总体而言，影响中国企业 OFDI 的税收政策现状包括：一是中国对企业境外投资没有针对性的税收政策，中国税制依旧停留在吸引外资的层面，对于鼓励企业"走出去"的相关政策较少，且扶持力度薄弱。二是中国有关助力企业对外直接投资过程中的税收制度相对不健全，政策落实有一定难度。三是中国在企业境外投资方面的征管手段和纳税服务水平有待提高。四是与中国签订税收协定的缔约方较少，抑或是签约时间较早，税收协定内容远远落后于当前经济形势。在过去的 40 年中，随着改革开放的深入和中国经济的腾飞，中国税收政策为适应经济发展也在不断调整与改革——2004 年增值税在东三省试点，2008 年新企业所得税法实施，2016 年全国"营改增"收官，再到后来个人所得税扣除额、税率及税率级次的调整，以及消费税与资源保护和环境治理理念的不断融合等，税收政策随着经济形势的变化不断调整，这极大地增加了税收政策的不确定性。

在此背景下，本章试图从母国视角出发，探讨税收政策不确定性会对企业对外直接投资产生怎样的影响，并进一步研究其表现形式和影响路径。本章研究发现，税收政策不确定性与企业对外直接投资显著负相关，这一情况在企业规模小、成立时间短、债务水平和税负水平高的企业中更为明显。银企关联和政府补贴可以缓解税收政策不确定性对企业对外直接投资的抑制作用。当对外直接投资企业的总部所在省份 GDP 较高时，其对外直接投资受税收政策不确定性影响更大。

本章有如下两点贡献：第一，本章的研究发现丰富了税收政策对 OFDI 影响因素的相关文献。现有研究发现东道国的高税率会抑制企业的投资，而避税天堂因其较低的税率会对 OFDI 产生促进作用（Davies，2003；王永钦等，2014）。有学者发现国际税收协定的签订对 OFDI 有显著的促进作用（Di Giovanni，2005；Neumayer，2007；Weyzig，2013；Kumas & Millimet，2018；张晓瑜等，2018），母国的高税率会增加本国企业对外直接投资的可能性（Caves，1996；Gordon & Hines，2002）。鲜有文献从母国视角出发，研究税收政策不确定性对 OFDI 的影响。第二，本章结合宏观经济政策因素研究发现，税收政策不确定性会对 OFDI 产生负向影响，从而丰富了经济政策不确定性方面的研究文献（Durnev，2010；Julio & Yook，2012；Gulen & Ion，2015；陈胤默等，2019）。

二、文献综述与假设提出

现有文献研究税收因素对 OFDI 的影响主要从以下三个角度进行：第一，研究东道国税收政策对 OFDI 的影响。如果东道国的税负高，则 OFDI 境外运营成本提高，从而会降低境外投资利润。因此，高税负对 OFDI 有抑制作用，而避税天堂因其低税率的优势可以吸引大量境外资本流入。Davies（2003）发现较高的东道国税负水平会让潜在境外投资者望而却步，使东道国丧失外商投资资金流入的机会。王永钦等（2014）研究发现中国 OFDI 存在明显的避税动机。第二，研究税收协定的签订对 OFDI 的影响。国际税收协定以避免双重征税协定为主，该协定的签订主要是为了避免法律性双重征税和防止偷漏税。部分研究认为，避免双重征税协定保障了对外直接投资企业的利益，降低了跨国企业的投资风险，对 OFDI 有促进作用（Di Giovanni，2005；Neumayer，2007；Weyzig，2013；Kumas & Millimet，2018）。但也有部分学者发现避免双重征税协定会抑制 OFDI，这是由于大多数避免双重征税协定中包含互换税收情报、加强税收合作以防止国家间偷漏税等条款，该类条款的生效会打击跨国企业投资的积极性，从而抑制企业对外直接投资（Dagan，2000；Egger et al.，2006；Barthel et al.，2010）。第三，研究母国税收政策对 OFDI 的影响。Caves（1996）研究发现母国的高税率会增加对外直接投资。企业会通过迁移总部来逃避母国的高税率（Gordon & Hines，2002）。朱青（2012）认为OFDI企业能否获得税收饶让及能否享受东道国税收协定提供的股息预提所得优惠等，是当前中国企业“走出去”面临的主要税收问题。梳理现有文献后发现，尚无学者从母国视角出发，研究税收政策不确定性对企业OFDI决策的影响。

尽管当前中国尚未出台关于OFDI的税收政策，但企业所得税、增值税、消费税和个人所得税等同样会影响到企业跨国投资的运营成本。当OFDI企业在东道国的税收成本低于母国时，企业会选择直接在境外投资，以减少企业的税收负担。关于税收政策不确定性影响企业对外直接投资决策机制问题，可以归纳为四种理论。一是实物期权理论。在投资不完全可逆的情况下，经济政策不确定性的上升将增加企业拥有的投资机会的等待价值，从而抑制固定资产投资（Bernanke，1983；Rodrik，1991）。企业对外直接投资的成本往往较高，投资周期较长。税收政策作为经济政策的重要组成部分，税收政策不确定性的上升将会增加企业拥有对外直接投资机会的等待价值，从而对企业对外直接投资产生抑制作用。二是预防性储蓄理论。当税收政策不确定性上升时，为避免未来现金流不确定性所带来的冲击，企业出于预防性动机放弃当前对外直接投资机会而选择持有现金，进而降低财务困境成本并避免陷入流动性困境（Smith & Stulz，1985；Stulz，1996；Han & Qiu，2007）。三是预期理论。税收政策及其税法执行力度的调整会加大税收政策的不确定性，增加了针对税收政策预期的难度。当母国的税收政策不确定性较大时，企业在进行对外直接投资决策时因难以准确把握税收政策的走向及执行强度而趋于谨慎，并在税收政策明朗后再做适当调整，以降低交易成本。四是融资约束理论。税收是企业成本的重要组成部分。税收政策不确定性的增加会影响到企业的生产成本、投资成本与投资绩效。企业海外投资利润汇回国内涉及的税率与税收政策不确定性的增加，会影响企业海外投资预期与项目违约风险概率。在税收政策不确定性上升的情况下，企业对外投资的倾向会下降。

基于以上理论分析，当税收政策不确定性上升时，企业对外直接投资的动机较弱。鉴于此，提出以下假设。

假设：在其他条件不变的情况下，税收政策不确定性会抑制企业对外直接投资。

三、研究设计

（一）样本选取

本章选取了2004—2014年中国A股非金融类上市企业的财务数据，数据来源于CSMAR数据库，并结合商务部公布的《境外投资企业（机构）名录》中的企业对外直接投资数据，获取初始样本。其后对样本进行了如下处理：①剔除存在缺失值的观测值；②由于金融行业上市公司的财务报表结构和相关监管制度与其他行业存在较大差别，因此剔除金融行业样本；③剔除当年被ST和ST*的企业；④为了避免异常值影响，所有连续变量都进行1%和99%的缩尾处理。

（二）核心变量界定

本章采用朱军（2017）开发编制的中国税收政策不确定性指数度量税收政策不确定性。朱军（2017）借鉴Baker等（2016）的方法，根据标准的指数统计方法和汉语中财政政策的语境特征，利用媒体报道数据构建了中国的财政政策不确定性指数体系，具体包括中国税收政策不确定性指数和财政支出不确定性指数。其媒体报道数据来源于《经济日报》《人民日报》《光明日报》。Baker等（2016）的指数计算方法相对成熟，已得到广泛认可和使用。朱军（2017）在Baker等（2016）的基础上构造的财政政策不确定性指数经实证检验后，结果是稳健的。

图5-1给出了2000—2016年中国税收政策不确定性指数的年度走势。中

国税收政策不确定性在2002年、2006年、2009年和2011—2015年较高。其中，2002年对应出口货物退税政策调整、增值税政策调整、取消税收方面审批事项改革。2006年对应房地产市场调控税收政策、调整下岗失业人员再就业税收政策、与香港特别行政区签署《关于对所得避免双重征税和防止偷漏税的安排》、豁免东北老工业基地历史欠税、调整出口货物退税政策、调整消费税税目税率、调整内资企业计税工资政策、明确“三费一金”个人所得税政策。2009年对应《中华人民共和国刑法修正案（七）》的通过，《关于企业年金个人所得税征收管理有关问题的通知》及《关于企业境外所得税收抵免有关问题的通知》的发布。2011—2015年对应《“十二五”时期税收发展规划纲要》和《税收违法行为检举管理办法》发布，“营改增”试点工作陆续在全国推广，企业年金、职业年金个人所得税优惠政策开始执行，贯彻落实《国务院关于取消和下放一批行政审批项目的决定》，发布《关于居民企业报告境外投资和所得信息有关问题的公告》。综上所述，税收政策不确定性指数能较为准确、可靠地反映中国税收政策的实际情况。

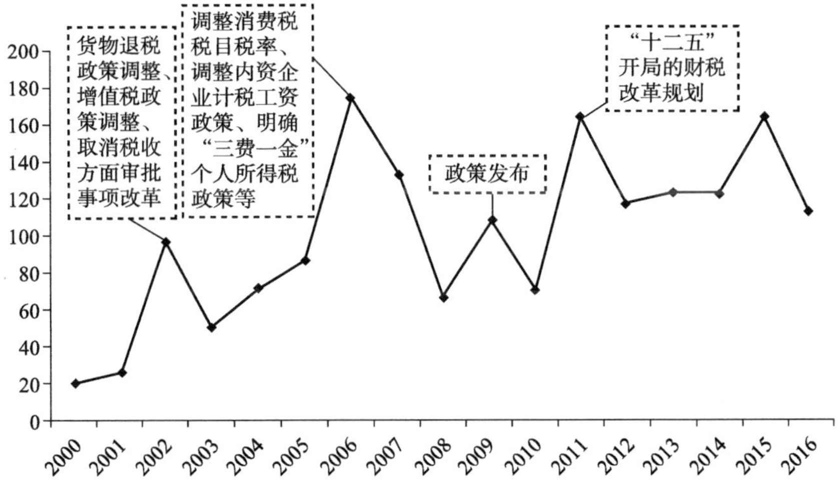

图5-1　中国税收政策不确定性指数年度走势

资料来源：作者收集整理获得。

（三）模型设定与变量选取

本章构建如下 Logit 模型进行实证检验：

$$OFDI_{i,t}=\beta_0+\beta_1 Tax\ Uncertainty_t+\beta_2 Growth_{i,t}+\beta_3 ROA_{i,t}+\beta_4 Size_{i,t}+\beta_5 PPE_{i,t}+\beta_6 Tax_{i,t}+\beta_7 Age_{i,t}+\beta_8 Leverage_{i,t}+\beta_9 Tobin's\ Q+Industry+Year+\varepsilon \tag{1}$$

其中，下标 i 表示第 i 个企业，下标 t 表示投资年份，β_0 为常数项，ε 为误差项，代表其他不可观测因素。*OFDI* 为被解释变量，表示企业对外直接投资虚拟变量，企业 i 在第 t 年进行对外直接投资取值为 1，否则为 0。*Tax Uncertainty* 为核心解释变量，表示税收政策不确定性。*Growth* 表示成长性，等于本期净利润除以上期净利润的值减 1；*ROA* 表示盈利能力，等于净利润除以总资产；*Size* 表示企业规模，以企业总资产取自然对数；*PPE* 表示资产结构，等于固定资产净额除以总资产；*Tax* 表示企业税率水平，等于营业税金及附加除以营业总收入；$Age_{i,t}$表示企业年龄，等于观测年份减去企业成立年份；*Leverage* 表示资产负债率，等于负债总额除以资产总额；*Tobin's Q* 表示企业价值，等于企业股权市场价值与负债的和除以总资产；*Industry* 为行业虚拟变量，控制与行业相关的不可观测因素；*Year* 为年份虚拟变量。为控制可能的截面相关问题，本章对所有回归中的标准误进行企业维度的聚类处理。本章的主要变量定义见表 5-1。

表 5-1　主要变量定义

变量类型	变量名称	符号	变量定义	数据来源
被解释变量	企业对外直接投资	*OFDI*	企业 i 在第 t 年进行对外直接投资取值为 1，否则为 0	商务部《境外投资企业（机构）名录》
解释变量	税收政策不确定性	*Tax Uncertainty*	中国税收政策不确定性指数，具体度量方法见正文	朱军（2017）构建的中国税收政策不确定性指数

续表

变量类型	变量名称	符号	变量定义	数据来源
控制变量	成长性	*Growth*	本期净利润/上期净利润-1	CSMAR 数据库
	盈利能力	*ROA*	净利润/总资产	
	企业规模	*Size*	企业总资产取自然对数	
	资产结构	*PPE*	固定资产净额/总资产	
	企业税率水平	*Tax*	营业税金及附加/营业总收入	
	企业年龄	*Age*	观测年份减去企业成立年份	
	资产负债率	*Leverage*	负债总额/资产总额	
	企业价值	*Tobin's Q*	（股权市场价值+负债合计）/资产总额	
	行业	*Industry*	行业虚拟变量，控制与行业相关的不可观测因素	
	年份	*Year*	年份虚拟变量	

四、实证分析与结果

（一）描述性统计

表 5-2 是描述性统计结果。在本章的 21627 个观测值中，企业对外直接投资（*OFDI*）的均值为 0.037，表明在样本中有 3.7%的企业进行对外直接投资。税收政策不确定性（*Tax Uncertainty*）的均值为 113.600，标准差为 33.220，最大值为 173.100，最小值为 66.170，表明税收政策不确定性在样本区间内存在较大波动。从控制变量的描述性统计来看，成长性（*Growth*）的最大值和最小值分别为 1.274 和 0.204，说明上市企业之间的成长性水平差异较大。企业盈利能力（*ROA*）的均值为 0.040，企业规模（*Size*）的均值为

21.610，资产结构（*PPE*）的均值为0.259，说明中国上市企业固定资产在总资产中所占比重较大。企业税率水平（*Tax*）的均值为0.016，最大值和最小值分别为0.140和0.000，说明税率水平在不同企业间存在较大差异。企业年龄（*Age*）的均值为16.950，资产负债率（*Leverage*）的均值为0.471，最大值和最小值分别为0.770和0.168，说明上市企业总体财务杠杆较高，不同企业间存在较大区别。企业价值（*Tobin's Q*）的均值为0.004。

表5-2　描述性统计

变量	样本数量	均值	标准差	最小值	中位数	最大值
OFDI	21627	0.037	0.190	0.000	0.000	1.000
Tax Uncertainty	21627	113.600	33.220	66.170	117.100	173.100
Growth	21627	0.626	0.336	0.204	0.554	1.274
ROA	21627	0.040	0.034	-0.007	0.035	0.101
Size	21627	21.610	1.291	10.840	21.470	28.510
PPE	21627	0.259	0.180	0.001	0.225	0.751
Tax	21627	0.016	0.025	0.000	0.006	0.140
Age	21627	16.950	4.946	3.000	17.000	36.000
Leverage	21627	0.471	0.195	0.168	0.480	0.770
Tobin's Q	21243	0.004	0.279	0.000	0.001	40.630

（二）相关性检验

表5-3是主要变量的Pearson相关性检验。其中，税收政策不确定性（*Tax Uncertainty*）和企业对外直接投资（*OFDI*）的相关系数为-0.010，初步验证本章假设的推断，表明在不考虑其他因素的情况下，税收政策不确定性越大，企业对外直接投资的可能性越小。成长性（*Growth*）、企业规模（*Size*）、资产结构（*PPE*）、企业年龄（*Age*）、资产负债率（*Leverage*）与企业对外直接投资（*OFDI*）的相关系数分别为0.047、0.045、0.032、0.019和0.036，均在1%的水平上显著正相关，这表明企业成长性越好、企业规模越

大、企业固定资产比重越高、企业年龄越大且企业负债水平越高，企业对外直接投资的可能性越大。而企业盈利能力（*ROA*）、企业税率水平（*Tax*）与企业对外直接投资（*OFDI*）的相关系数分别为-0.053和-0.047，均在1%的水平上显著负相关，这表明企业盈利能力越强、企业所面临的税率水平越高，企业对外直接投资的可能性越小。同时，解释变量和控制变量间不存在高度的相关关系。计算自变量的方差膨胀因子（VIF）为1.23，表明本章中采用的变量间不存在严重的多重共线性问题。

（三）实证回归结果

表5-4是本章研究假设的实证回归结果。第（1）列是仅考虑税收政策不确定性对OFDI影响的回归结果，第（2）列是考虑其他控制变量后，税收政策不确定性对OFDI影响的回归结果，第（3）列是考虑了行业固定效应后，税收政策不确定性对OFDI影响的回归结果，第（4）列是考虑了年份和行业固定效应后，税收政策不确定性对OFDI影响的回归结果。从实证回归结果可见，在第（4）列中，税收政策不确定性（*Tax Uncertainty*）的系数为-0.011，在1%的水平上显著为负。实证结果表明，中国税收政策不确定性越大，企业对外直接投资的可能性越低，验证了本章的研究假设。控制变量方面，盈利能力（*ROA*）的回归系数显著为负，表明企业盈利能力越好，企业对外直接投资的可能性越小。企业规模（*Size*）的回归系数显著为正，表明企业规模越大，企业对外直接投资的可能性越大。

表 5-3 Pearson 相关性检验

变量	*OFDI*	*Tax Uncertainty*	*Growth*	*ROA*	*Size*	*PPE*	*Tax*	*Age*	*Leverage*	*Tobin's Q*
OFDI	1. 000									
Tax Uncertainty	-0. 010	1. 000								
Growth	0. 047***	0. 003	1. 000							
ROA	-0. 053***	0. 041***	0. 146***	1. 000						
Size	0. 045***	0. 049***	0. 084***	0. 006	1. 000					
PPE	0. 032***	-0. 035***	0. 021***	-0. 148***	0. 093***	1. 000				
Tax	-0. 047***	0. 005	-0. 304***	0. 025***	0. 121***	-0. 207***	1. 000			
Age	0. 019***	-0. 070***	0. 000	-0. 194***	-0. 002	0. 076***	0. 171***	1. 000		
Leverage	0. 036***	-0. 033***	0. 130***	-0. 434***	0. 304***	0. 122***	0. 099***	0. 312***	1. 000	
Tobin's Q	-0. 002	-0. 010	-0. 008	0. 015**	-0. 066***	-0. 012*	0. 005	0. 000	0. 009	1. 000

注：***、**、*分别表示在 1%、5%、10%水平上显著。

表 5-4　实证回归结果

变量	*OFDI* (1)	*OFDI* (2)	*OFDI* (3)	*OFDI* (4)
Tax Uncertainty	-0.002*** (-2.803)	-0.001** (-2.271)	-0.001** (-2.387)	-0.011*** (-3.578)
Growth		0.565 (1.603)	0.660* (1.746)	0.618 (1.616)
ROA		-9.710*** (-3.553)	-10.480*** (-3.767)	-11.378*** (-3.942)
Size		0.198*** (2.886)	0.179** (2.405)	0.236*** (2.883)
PPE		0.304 (0.462)	0.0380 (0.060)	-0.205 (-0.306)
Tax		-13.219* (-1.744)	-10.795* (-1.676)	-10.600 (-1.625)
Age		0.018 (0.948)	0.0190 (0.944)	0.010 (0.448)
Leverage		-0.366 (-0.584)	-0.485 (-0.790)	-0.722 (-1.139)
Tobin's Q		-0.816 (-0.196)	-0.100 (-0.130)	-0.003 (-0.040)
Constant	-3.077*** (-23.051)	-7.465*** (-5.039)	-7.686*** (-4.165)	-7.636*** (-4.163)
Industry	No	No	Yes	Yes
Year	No	No	No	Yes
Pseudo R^2	0.001	0.030	0.035	0.041
N	21627	21243	19605	19605

注：括号内为 t 值，***、**、* 分别表示在 1%、5%、10%水平上显著，计算 t 值时进行企业水平 cluster 处理。

五、进一步研究

税收政策不确定性的增加会影响到企业对税收政策变化的理解和预期。

税收政策的变动会直接影响到企业生产经营成本，当企业资金紧张、存在融资约束时，企业对税收政策不确定性会更加敏感。现有研究发现融资约束会抑制企业对外直接投资（田巍和余淼杰，2012；王碧珺等，2015）。因此，本章从银企关联、政府补贴、企业规模、企业年龄、企业债务水平等几个方面进行分组检验，考察在不同维度的融资约束情况下，税收政策不确定性对 OFDI 的影响。

（一）考虑银企关联的影响

当企业与银行存在长期的合作关系时，企业从银行获得信贷的可能性增加，企业面临的融资约束水平会下降。银企关联可以缓解企业的融资约束。因此，如果税收政策不确定性通过融资约束渠道影响了企业 OFDI，那么我们预期银企关联的存在能够缓解税收政策不确定性的上升对企业 OFDI 造成的影响。本章参考 Houston 和 James（1996）的方法，当企业存在长期银行贷款时，界定该企业存在银企关联。本章根据企业是否存在银企关联进行分组检验。

表 5-5 是考虑银企关联后，税收政策不确定性对 OFDI 的影响。在有银企关联组中，税收政策不确定性（*Tax Uncertainty*）的回归系数分别为 0.000 和-0.006，在统计上不显著，表明有银企关联的 *OFDI* 受税收政策不确定性影响较小。在无银企关联组中，税收政策不确定性（*Tax Uncertainty*）的回归系数分别为-0.004 和-0.023，至少在 5%的统计性水平上显著为负，表明无银企关联的企业受税收政策不确定性影响较大。

表 5-5　银企关联、税收政策不确定性与 OFDI

变量	有银企关联组		无银企关联组	
	OFDI	*OFDI*	*OFDI*	*OFDI*
	(1)	(2)	(3)	(4)
Tax Uncertainty	0.000	-0.006	-0.004**	-0.023***
	(-0.47)	(-1.384)	(-2.38)	(-3.326)

续表

变量	有银企关联组		无银企关联组	
	OFDI	*OFDI*	*OFDI*	*OFDI*
	(1)	(2)	(3)	(4)
Growth	0. 301	0. 257	1. 207**	1. 164**
	(0. 59)	(0. 506)	(2. 50)	(2. 398)
ROA	-8. 676***	-9. 587***	-12. 966***	-13. 717***
	(-2. 64)	(-2. 856)	(-2. 91)	(-3. 025)
Size	0. 154*	0. 207**	0. 174	0. 275
	(1. 81)	(2. 237)	(1. 02)	(1. 498)
PPE	0. 194	0. 013	-0. 357	-0. 626
	(0. 28)	(0. 018)	(-0. 33)	(-0. 562)
Tax	-9. 367	-9. 147	-28. 294*	-27. 830*
	(-1. 20)	(-1. 165)	(-1. 68)	(-1. 768)
Age	-0. 000	-0. 007	0. 045*	0. 032
	(-0. 01)	(-0. 239)	(1. 88)	(1. 145)
Leverage	0. 154	0. 048	-1. 578*	-1. 988**
	(0. 19)	(0. 058)	(-1. 82)	(-2. 150)
Tobin's Q	64. 387	85. 520	-1. 949	0. 019
	(1. 36)	(1. 600)	(-0. 29)	(0. 175)
Constant	-6. 164***	-6. 574***	-8. 021**	-8. 180**
	(-2. 86)	(-3. 03)	(-2. 31)	(-2. 39)
Industry	Yes	Yes	Yes	Yes
Year	No	Yes	No	Yes
Pseudo R^2	0. 025	0. 028	0. 062	0. 076
N	11218	11218	8110	8110

注：括号内为 t 值，***、**、* 分别表示在 1%、5%、10%水平上显著，计算 t 值时进行企业水平 cluster 处理。

（二）考虑政府补贴的影响

政府补贴可以缓解由于税收政策不确定性导致的企业资金紧张问题。政府补贴为企业发展提供资金支持，可以缓解企业融资约束。同时，企业获得政府补贴也向市场传递有利信号，间接缓解企业融资约束。王闽和侯晓红（2015）发现政府补贴可以缓解经济政策不确定性对企业创新投入的负面影响。

表 5-6 是考虑政府补贴后，税收政策不确定性对 OFDI 的影响。在有政府补贴组中，税收政策不确定性（*Tax Uncertainty*）的回归系数分别为-0.002 和-0.003，在统计上不显著，表明有政府补贴的 OFDI 受税收政策不确定性影响较小。在无政府补贴组中，税收政策不确定性（*Tax Uncertainty*）的回归系数分别为-0.001 和-0.021，至少在 10%的统计性水平上显著为负，这表明无政府补贴的企业受税收政策不确定性影响较大。

表 5-6　政府补贴、税收政策不确定性与 OFDI

变量	有政府补贴组		无政府补贴组	
	OFDI	*OFDI*	*OFDI*	*OFDI*
	(1)	(2)	(3)	(4)
Tax Uncertainty	-0.002	-0.003	-0.001*	-0.021***
	(-1.29)	(-0.570)	(-1.69)	(-4.312)
Growth	0.647	0.636	0.696	0.606
	(1.25)	(1.203)	(1.52)	(1.331)
ROA	-8.878**	-9.713**	-11.618***	-12.920***
	(-2.37)	(-2.494)	(-3.05)	(-3.330)
Size	0.202*	0.237*	0.171*	0.273***
	(1.84)	(1.932)	(1.72)	(2.722)
PPE	0.745	0.635	-0.529	-0.977
	(0.75)	(0.624)	(-0.77)	(-1.366)
Tax	-3.605	-3.545	-18.177	-19.260
	(-0.73)	(-0.721)	(-1.16)	(-1.155)
Age	0.017	0.012	0.021	0.009
	(0.83)	(0.534)	(0.72)	(0.283)
Leverage	0.106	-0.067	-0.950	-1.189
	(0.12)	(-0.075)	(-1.29)	(-1.620)

续表

变量	有政府补贴组		无政府补贴组	
	OFDI	*OFDI*	*OFDI*	*OFDI*
	(1)	(2)	(3)	(4)
Tobin's Q	-0. 111	-0. 068	2. 569	29. 150
	(-0. 18)	(-0. 259)	(0. 09)	(1. 547)
Constant	-7. 877***	-8. 356***	-6. 537***	-6. 194***
	(-3. 44)	(-3. 58)	(-2. 64)	(-2. 58)
Industry	Yes	Yes	Yes	Yes
Year	No	Yes	No	Yes
Pseudo R^2	0. 033	0. 036	0. 039	0. 053
N	9054	9054	10096	10096

注：括号内为 t 值，***、**、*分别表示在 1%、5%、10%水平上显著，计算 t 值时进行企业水平 cluster 处理。

（三）考虑企业规模的影响

相对于大规模 OFDI 企业，小规模 OFDI 企业知名度低，其信息不对称程度会更高，面临的融资约束也更大。因此，相对于大规模 OFDI 企业，小规模 OFDI 企业受税收政策不确定性冲击更大。参考 Erickson 和 Whited（2000）、Almeida 和 Campello（2007）的方法，在 2004 年至 2014 年的每一年，根据样本企业总资产的中位数，将样本分为两组，进行分组检验。

表 5-7 是考虑企业规模大小后，税收政策不确定性对 OFDI 的影响。在大规模企业组中，税收政策不确定性（*Tax Uncertainty*）的回归系数分别为-0. 001和-0. 006，在统计上不显著，表明企业规模较大的 OFDI 企业受税收政策不确定性影响较小。在小规模企业组中，税收政策不确定性（*Tax Uncertainty*）的回归系数分别为-0. 003 和-0. 025，至少在 5%的统计性水平上显著为负，表明规模较小的 OFDI 企业受税收政策不确定性影响较大。

表 5-7　企业规模、税收政策不确定性与 OFDI

变量	小规模企业组		大规模企业组	
	OFDI	*OFDI*	*OFDI*	*OFDI*
	(1)	(2)	(3)	(4)
Tax Uncertainty	-0.003**	-0.025***	-0.001	-0.006
	(-2.51)	(-3.47)	(-0.59)	(-1.31)
Growth	1.595***	1.614***	0.059	0.013
	(3.65)	(3.63)	(0.11)	(0.02)
ROA	-9.990***	-11.491***	-12.303***	-12.819***
	(-2.72)	(-2.93)	(-3.16)	(-3.23)
PPE	0.437	0.125	-0.091	-0.236
	(0.46)	(0.13)	(-0.12)	(-0.29)
Tax	-19.455*	-18.692**	-12.966	-12.739
	(-1.92)	(-2.00)	(-1.45)	(-1.40)
Age	0.026	0.011	0.012	0.004
	(0.96)	(0.36)	(0.48)	(0.16)
Leverage	-0.921	-1.440*	0.110	0.096
	(-1.19)	(-1.79)	(0.13)	(0.11)
Tobin's Q	-14.257	-2.944	164.872**	182.043**
	(-0.58)	(-0.44)	(2.50)	(2.46)
Constant	-5.486***	-3.293**	-2.510**	-1.717
	(-4.37)	(-2.07)	(-2.03)	(-1.18)
Industry	Yes	Yes	Yes	Yes
Year	No	Yes	No	Yes
Pseudo R^2	0.066	0.082	0.031	0.034
N	9470	9470	10073	10073

注：括号内为 t 值，***、**、* 分别表示在 1%、5%、10%水平上显著，计算 t 值时进行企业水平 cluster 处理。

（四）考虑企业年龄的影响

当企业成立时间较短时，企业会由于缺乏商誉，较难获得外部融资（Diamond，1991）。因此，企业成立时间越长，企业获得外部融资的可能性越大，融资约束越小。相对于成立时间较长的 OFDI 企业，成立时间较短的 OFDI 企业在应对税收政策不确定性冲击时的经验较为缺乏。因此，成立时间较短的企业受税收政策不确定性的冲击更大。根据样本企业成立年龄中位数，将样本分成两组，进行分组检验。

表 5-8 是考虑企业年龄大小后，税收政策不确定性对 OFDI 的影响。在企业年龄大组中，税收政策不确定性（*Tax Uncertainty*）的回归系数分别为 0.000 和-0.002，在统计上不显著，表明经营时间较长的 OFDI 企业受税收政策不确定性影响较小。在企业年龄小组中，税收政策不确定性（*Tax Uncertainty*）的回归系数分别为-0.004 和-0.024，在 1%的统计性水平上显著为负，表明经营时间较短的 OFDI 企业受税收政策不确定性影响较大。

表 5-8 企业年龄、税收政策不确定性与 OFDI

变量	企业年龄小组		企业年龄大组	
	OFDI	*OFDI*	*OFDI*	*OFDI*
	(1)	(2)	(3)	(4)
Tax Uncertainty	-0.004***	-0.024***	0.000	-0.002
	(-4.55)	(-5.42)	(0.59)	(-0.58)
Growth	0.436	0.362	0.803	0.781
	(0.76)	(0.62)	(1.53)	(1.48)
ROA	-13.175***	-15.655***	-8.287**	-8.601**
	(-3.35)	(-3.81)	(-2.04)	(-2.08)
Size	0.093	0.228*	0.200*	0.228*
	(0.87)	(1.94)	(1.81)	(1.87)
PPE	0.066	-0.353	0.127	0.006
	(0.07)	(-0.37)	(0.14)	(0.01)
Tax	-8.739	-9.255	-10.767	-10.679
	(-1.07)	(-1.08)	(-1.21)	(-1.19)
Leverage	0.592	0.062	-1.023	-1.136
	(0.72)	(0.07)	(-1.18)	(-1.27)

续表

变量	企业年龄小组		企业年龄大组	
	OFDI	*OFDI*	*OFDI*	*OFDI*
	(1)	(2)	(3)	(4)
Tobin's Q	36.679	75.096**	-0.824	-0.278
	(1.15)	(2.00)	(-0.15)	(-0.08)
Constant	-5.086**	-5.419**	-7.909***	-8.345***
	(-2.07)	(-2.27)	(-3.29)	(-3.44)
Industry	Yes	Yes	Yes	Yes
Year	No	Yes	No	Yes
Pseudo R^2	0.043	0.058	0.043	0.046
N	9841	9841	9464	9464

注：括号内为 t 值，***、**、*分别表示在 1%、5%、10%水平上显著，计算 t 值时进行企业水平 cluster 处理。

（五）考虑企业债务水平的影响

当企业面临较高的债务水平时，企业的偿债压力较大，企业对生产成本的变动更加敏感。因此，相对于债务水平低的 OFDI 企业，债务水平高的 OFDI 企业受税收政策不确定性冲击更大。根据样本企业债务水平中位数，将样本分成两组，进行分组检验。

表 5-9 是考虑企业债务水平后，税收政策不确定性对 OFDI 的影响。在企业债务水平低组中，税收政策不确定性（*Tax Uncertainty*）的回归系数分别为-0.001 和-0.005，在统计上不显著，表明偿债压力较小的 OFDI 企业受税收政策不确定性影响较小。在企业债务水平高组中，第（2）列税收政策不确定性（*Tax Uncertainty*）的回归系数为-0.018，在 1%的统计性水平上显著为负，表明偿债压力较大的 OFDI 企业受税收政策不确定性影响较大。

表 5-9　债务水平、税收政策不确定性与 OFDI

变量	债务水平高组		债务水平低组	
	OFDI	*OFDI*	*OFDI*	*OFDI*
	(1)	(2)	(3)	(4)
Tax Uncertainty	-0.002	-0.018***	-0.001	-0.005
	(-1.60)	(-2.98)	(-1.32)	(-1.18)
Growth	1.182**	1.144**	0.154	0.122
	(2.55)	(2.42)	(0.36)	(0.28)
ROA	-15.496***	-16.411***	-3.255	-3.856
	(-4.76)	(-4.79)	(-0.96)	(-1.09)
Size	0.173	0.241*	0.137	0.179*
	(1.25)	(1.68)	(1.64)	(1.95)
PPE	0.517	0.077	-0.238	-0.369
	(0.56)	(0.08)	(-0.32)	(-0.49)
Tax	-21.578	-21.639	-10.954	-10.661
	(-1.51)	(-1.56)	(-1.58)	(-1.50)
Age	0.042*	0.026	-0.012	-0.017
	(1.74)	(0.97)	(-0.50)	(-0.67)
Tobin's Q	3.422	5.772	-15.118	-3.343
	(0.69)	(1.14)	(-0.49)	(-0.11)
Constant	-7.515**	-7.115**	-5.570***	-6.018***
	(-2.54)	(-2.50)	(-2.60)	(-2.78)
Industry	Yes	Yes	Yes	Yes
Year	No	Yes	No	Yes
Pseudo R^2	0.067	0.078	0.018	0.020
N	9123	9123	9678	9678

注：括号内为 t 值，***、**、* 分别表示在 1%、5%、10%水平上显著，计算 t 值时进行企业水平 cluster 处理。

（六）考虑地区 GDP 水平的影响

地方政府为了谋求相对于其竞争省份的经济优势地位，会采取策略性竞争来争夺流动性税基。王守坤和任保平（2008）研究发现中国省级政府间争夺流动性税基的税收竞争效应显著。因此，不同地区的税收执行力度存在较大差别。而税收收入不仅来自生产过程，也来自分配和使用过程，因此GDP是最大口径的税源（刘新利，2009）。地方政府为保证地区GDP增长会出台相关的地方税收优惠政策，调整地方税法执行力度，因此不同地区的税收政策不确定性存在差别。根据各省GDP的中位数，本章将样本分成GDP高组和GDP低组，分组检验税收政策不确定性对所处不同GDP地区OFDI的影响。

表5-10是考虑企业所在省份GDP水平后，税收政策不确定性对OFDI的影响。在企业所在省份GDP水平低的组中，税收政策不确定性（*Tax Uncertainty*）的回归系数分别为-0.002和-0.010，在统计上不显著，表明OFDI总部企业在GDP较低的省份，其对外直接投资受税收政策不确定性影响较小。在企业所在省份GDP水平高的组中，第（4）列税收政策不确定性（*Tax Uncertainty*）的回归系数为-0.010，在1%的统计性水平上显著为负，表明OFDI总部企业在GDP较高的省份，其对外直接投资受税收政策不确定性影响较大。

表5-10　地区GDP水平、税收政策不确定性与OFDI

变量	GDP低组		GDP高组	
	OFDI	*OFDI*	*OFDI*	*OFDI*
	(1)	(2)	(3)	(4)
Tax Uncertainty	-0.002	-0.010	-0.001	-0.010***
	(-1.41)	(-1.567)	(-1.46)	(-2.859)
Growth	-0.439	-0.511	1.087**	1.043**
	(-0.72)	(-0.815)	(2.27)	(2.180)
ROA	-11.557***	-12.684***	-9.262***	-10.029***
	(-2.86)	(-3.001)	(-2.59)	(-2.711)
Size	0.211	0.268	0.155*	0.210**
	(1.50)	(1.622)	(1.79)	(2.256)
PPE	0.240	0.160	0.097	-0.193
	(0.21)	(0.134)	(0.13)	(-0.241)

续表

变量	GDP 低组		GDP 高组	
	OFDI	*OFDI*	*OFDI*	*OFDI*
	(1)	(2)	(3)	(4)
Tax	−19. 192**	−19. 664**	−7. 975	−7. 358
	(−2. 14)	(−2. 228)	(−1. 05)	(−0. 954)
Age	0. 040	0. 036	0. 011	0. 001
	(1. 05)	(0. 888)	(0. 46)	(0. 038)
Leverage	−1. 791**	−1. 999**	−0. 025	−0. 246
	(−2. 07)	(−2. 255)	(−0. 03)	(−0. 300)
Tobin's Q	18. 198	27. 300	−1. 220	−0. 058
	(0. 55)	(0. 761)	(−0. 27)	(−0. 210)
Constant	−6. 320**	−6. 758**	−7. 716***	−7. 584***
	(−2. 37)	(−2. 45)	(−3. 66)	(−3. 64)
Industry	Yes	Yes	Yes	Yes
Year	No	Yes	No	Yes
Pseudo R^2	0. 042	0. 047	0. 044	0. 051
N	4253	4253	14416	14416

注：括号内为 t 值，***、**、* 分别表示在 1%、5%、10%水平上显著，计算 t 值时进行企业水平 cluster 处理。

（七）考虑企业税负水平的影响

当企业税负水平较高时，企业对税收政策的变动及税法执行力度会较为敏感。相对于税负水平较低的 OFDI 企业，税负水平较高的 OFDI 企业对税收政策不确定性更加敏感。根据样本企业税负水平中位数，将样本分成税负水平高的组和税负水平低的组，进行分组检验。

表 5−11 是考虑企业税负水平后，税收政策不确定性对 OFDI 的影响。在企业税负水平低组中，税收政策不确定性（*Tax Uncertainty*）的回归系数分别为−0. 002 和−0. 008，在统计上不显著，表明税负水平较低的 OFDI 受税收政策不确定性影响较小。在企业税负水平高组中，第（4）列税收政策不确定性

（*Tax Uncertainty*）的回归系数为-0.010，在5%的统计性水平上显著为负，表明税负水平较高的OFDI受税收政策不确定性影响较大。

表5-11 企业税负水平、税收政策不确定性与OFDI

变量	企业税负水平低组		企业税负水平高组	
	OFDI	*OFDI*	*OFDI*	*OFDI*
	(1)	(2)	(3)	(4)
Tax Uncertainty	-0.002	-0.008	-0.001	-0.010**
	(-1.24)	(-1.309)	(-1.16)	(-2.451)
Growth	1.155*	1.092*	0.319	0.301
	(1.79)	(1.684)	(0.70)	(0.646)
ROA	-6.089	-6.629	-11.552***	-12.520***
	(-1.28)	(-1.343)	(-3.44)	(-3.521)
Size	0.166	0.202	0.125	0.189*
	(1.52)	(1.630)	(1.30)	(1.762)
PPE	1.601*	1.378	-0.983	-1.197
	(1.95)	(1.559)	(-1.19)	(-1.400)
Tax	-8.647	-8.772	-59.339	-52.790
	(-1.43)	(-1.433)	(-0.93)	(-0.827)
Age	-0.007	-0.012	0.037*	0.027
	(-0.20)	(-0.340)	(1.68)	(1.126)
Leverage	0.983	0.765	-1.155*	-1.412**
	(0.95)	(0.735)	(-1.77)	(-2.051)
Tobin's Q	-47.987	-58.350	5.865	8.583
	(-0.71)	(-0.627)	(1.07)	(1.509)
Constant	-7.282***	-7.341***	-4.748**	-4.763**
	(-2.87)	(-2.82)	(-2.14)	(-2.13)
Industry	Yes	Yes	Yes	Yes
Year	No	Yes	No	Yes
Pseudo R^2	0.072	0.077	0.024	0.030
N	9532	9532	9672	9672

注：括号内为t值，***、**、*分别表示在1%、5%、10%水平上显著，计算t值时进行企业水平cluster处理。

六、稳健性检验

（一）控制潜在的内生性问题

本章参考 De Loecker（2007）的处理方法，采用倾向得分匹配法（PSM）检验税收政策不确定性对企业对外直接投资的影响。本章将样本期间内进行过 OFDI 的企业作为实验组，将未进行 OFDI 的企业作为对照组。选取的配对因素包括：*ROA*、*Size*、*Age*、*Leverage*、*Growth*、*Revenue*（营业收入，等于企业营业收入的自然对数）、*PPE*、*Tangibility*［有形资产，参考 Almeida 和 Campello（2007）的方法计算有形资产］。本章利用倾向得分匹配法将实验组与对照组中的企业进行匹配后，最终配对成功的样本有 630 组，因而配对样本数量为 1260 个。随后，使用配对样本对模型进行回归检验。

表 5-12 是采用 Pstest 命令测试 PSM 配对有效性的结果。该结果表明，实验组公司（OFDI）和对照组公司（非 OFDI）在可观察到的企业特征上都非常相近，表明 PSM 配对较为成功。表 5-13 是配对样本的回归结果。第（1）列是仅考虑税收政策不确定性对 OFDI 影响的回归结果，第（2）列是考虑其他控制变量后，税收政策不确定性对 OFDI 影响的回归结果，第（3）列是考虑了年份和行业固定效应后，税收政策不确定性对 OFDI 影响的回归结果。第（3）列中税收政策不确定性（*Tax Uncertainty*）的估计系数为-0.267，在 5%的统计水平上显著为负，表明在使用 PSM 配对方法控制样本差异后，实证结论与基本假设一致，支持了本章的研究结论。

表 5-12　PSM 有效性测试结果

变量	Means		P 值
	实验组（OFDI 企业）	对照组（非 OFDI 企业）	
ROA	0.031	0.030	0.506
Size	21.925	21.887	0.553
Age	17.466	17.368	0.660
Leverage	0.506	0.516	0.308
Growth	0.217	0.204	0.623
Revenue	21.477	21.454	0.748
PPE	0.287	0.275	0.226
Tangibility	0.500	0.503	0.519

表 5-13　稳健性检验：PSM 配对样本回归结果

变量	OFDI	OFDI	OFDI
	(1)	(2)	(3)
Tax Uncertainty	-0.001	-0.002	-0.267**
	(-0.084)	(-0.245)	(-2.267)
Growth		0.102	0.364
		(0.136)	(0.431)
ROA		-9.787	-13.483*
		(-1.489)	(-1.768)
Size		-0.034	-0.038
		(-0.306)	(-0.262)
PPE		0.103	-1.011
		(0.092)	(-0.827)
Tax		-12.420	-28.110
		(-0.961)	(-1.488)
Age		0.077**	0.076**
		(2.538)	(2.223)
Leverage		1.439	1.357
		(1.337)	(1.164)

续表

变量	*OFDI*	*OFDI*	*OFDI*
	(1)	(2)	(3)
Tobin's Q	-3. 737***	-4. 563**	-36. 847**
	(-3. 676)	(-2. 045)	(-2. 382)
Constant	0. 001	0. 002	0. 267**
	(0. 084)	(0. 245)	(2. 267)
Industry	No	No	Yes
Year	No	No	Yes
Pseudo R^2	0. 001	0. 0520	0. 125
N	1260	1260	1260

注：括号内为 t 值，***、**、*分别表示在 1%、5%、10%水平上显著，计算 t 值时进行企业水平 cluster 处理。

（二）考虑遗漏变量偏误

为了保证实证结果的稳健性，本章进行了如下检验：①替换控制变量，用 *ROE*（净利润除以所有者权益）替换 *ROA*。②将投资现金流敏感性（*CF*）放入控制变量中。现有研究发现融资约束会抑制企业对外直接投资（王碧珺等，2015），投资现金流敏感性是融资约束度量指标之一。③当企业位于开放程度高的地区时，企业得益于信息优势和政策优势，进行对外直接投资的可能性更大。因此，新增地区开放程度（*Open*），并放入控制变量中。数据来源于樊纲等（2011）的地区开放程度指标。表 5-14 是回归结果。结果显示税收政策不确定性（*Tax Uncertainty*）的回归系数均在 5%的水平上显著为负，表明该稳健性检验结果与前文结论一致。

表 5-14　稳健性检验：考虑遗漏变量偏误

变量	*OFDI*	*OFDI*	*OFDI*
	(1)	(2)	(3)
Tax Uncertainty	-0. 010***	-0. 012***	-0. 011***
	(-3. 18)	(-3. 59)	(-3. 50)

续表

变量	OFDI	OFDI	OFDI
	(1)	(2)	(3)
ROE	-0. 200		
	(-0. 96)		
CF		-0. 946	
		(-0. 90)	
Open			-0. 003
			(-0. 06)
ROA		-10. 926***	-11. 384***
		(-3. 88)	(-3. 94)
Growth	0. 384	0. 635*	0. 620
	(1. 00)	(1. 67)	(1. 63)
Size	0. 175**	0. 238***	0. 237***
	(2. 06)	(2. 87)	(2. 86)
PPE	0. 019	-0. 121	-0. 211
	(0. 03)	(-0. 18)	(-0. 31)
Tax	-13. 269*	-10. 402	-10. 622
	(-1. 86)	(-1. 60)	(-1. 61)
Age	0. 013	0. 010	0. 010
	(0. 59)	(0. 45)	(0. 45)
Leverage	0. 092	-0. 745	-0. 726
	(0. 17)	(-1. 17)	(-1. 12)
Tobin's Q	-9. 873	-0. 004	-0. 003
	(-0. 34)	(-0. 05)	(-0. 04)
Constant	-7. 016***	-7. 570***	-7. 628***
	(-3. 45)	(-4. 15)	(-4. 15)
Industry	Yes	Yes	Yes
Year	Yes	Yes	Yes
Pseudo R^2	0. 031	0. 041	0. 041
N	19605	19605	19605

注：括号内为 t 值，***、**、* 分别表示在 1%、5%、10%水平上显著，计算 t 值时进行企业水平 cluster 处理。

七、结论及建议

本章以 2004—2014 年中国 A 股上市企业为样本，采用朱军（2017）开发编制的中国税收政策不确定性指数，从母国视角出发，研究税收政策不确定性对企业对外直接投资的影响。研究结果发现：税收政策不确定性与企业对外直接投资显著负相关，这一情况在企业规模小、成立时间短、债务规模和税负水平高的企业中更为明显；银企关联和政府补贴可以缓解税收政策不确定性对企业对外直接投资的抑制作用；当对外直接投资企业的总部所在省份 GDP 较高时，其对外直接投资受税收政策不确定性影响更大。

基于此，本章提出如下政策建议：首先，构建保证税收政策持久性和延续性的法律机制，制定长远且稳定的企业“走出去”税收方案，为不同规模、不同债务水平的企业确定一个适度合理的总体税收负担水平，以减少税收政策不确定性可能给企业对外直接投资带来的负面效应。其次，建立稳定紧密、良性互动的银企关系，切实发挥政府补贴在缓解税收政策不确定性中的重要作用，将间接补贴和直接补贴有效结合以提高企业应对不确定性风险的能力。最后，应根据不同省份（GDP）企业的实际情况制定并出台不同省份相应的税收政策规划和方案，从而弱化高 GDP 省份税收政策不确定性对企业“走出去”产生的不利影响。

参考文献

1. Almeida H, Campello M. Financial Constraints, Asset Tangibility, and Corporate Investment [J]. The Review of Financial Studies, 2007, 20 (5): 1429-1460.

2. Baker S R, Bloom N, Davis S J. Measuring Economic Policy Uncertainty [J]. The Quarterly Journal of Economics, 2016, 131 (4): 1593-1636.

3. Barthel F, Busse M, Neumayer E. The Impact of Double Taxation Treaties on Foreign Direct Investment: Evidence from a Large Dyadic Panel Data [J]. Contemporary Economics Policy, 2010, 28 (3): 366-377.

4. Bernanke B S. Irreversibility, Uncertainty, and Cyclical Investment [J]. Quarterly Journal of Economics, 1983, 98 (1): 85-106.

5. Caves R E. Multinational Enterprise and Economic Analysis [M]. Cambridge University Press, 1996.

6. Dagan T. The Tax Treaties Myth [J]. New York University Journal of International Law and Politics, 2000: 939-996.

7. Davies R B. Tax Treaties, Renegotiations, and Foreign Direct Investment [J]. Economic Analysis and Policy, 2003.

8. De Loecker J. Do Exports Generate Higher Productivity? Evidence from Slovenia [J]. Journal of International Economics, 2007, 73 (1): 69-98.

9. Di Giovanni J. What Drives Capital Flows? The Case of Cross-border M&A Activity and Financial Deepening [J]. Journal of international Economics, 2005, 65 (1): 127-149.

10. Diamond D W. Monitoring and Reputation: The Choice between Bank Loans and Directly Placed Debt [J]. Journal of Political Economy, 1991, 99 (4): 689-721.

11. Durnev A. The Real Effects of Political Uncertainty: Elections and Investment Sensitivity to Stock Prices [R]. Working Paper, 2010.

12. Egger P, Larch M, Pfaffermayr M, Winner H. The Impact of Endogenous Tax Treaties on Foreign Tax Investment: Theory and Evidence [J]. The Canadian Journal of Economics, 2006, 39 (3): 901-931.

13. Erickson T, Whited T M. Measurement Error and the Relationship between

Investment and Q [J]. Journal of Political Economy, 2000, 108 (5): 1027-1057.

14. Feng Y. Political Freedom, Political Instability, and Policy Uncertainty: A Study of Political Institutions and Private Investment in Developing Countries [J]. International Studies Quarterly, 2001, 45 (2): 271-294.

15. Gordon R H, Hines J R. International Taxation [J]. Handbook of Public Economics, 2002, 4: 1935-1995.

16. Gulen H, Ion M. Policy Uncertainty and Corporate Investment [J]. The Review of Financial Studies, 2015, 29 (3): 523-564.

17. Han S, Qiu J. Corporate Precautionary Cash Holding [J]. Journal of Corporate Finance, 2007, 13 (1): 43-57.

18. Houston J, James C. Bank Information Monopolies and the Mix of Private and Public Debt Claims [J]. The Journal of Finance, 1996, 51 (5): 1863-1889.

19. Julio B, Yook Y. Political Uncertainty and Corporate Investment Cycles [J]. The Journal of Finance, 2012, 67 (1): 45-83.

20. Kumas A, Millimet D L. Reassessing the Effects of Bilateral Tax Treaties on US FDI Activity [J]. Journal of Economics and Finance, 2018, 42 (3): 451-470.

21. Le Q V, Zak P J. Political Risk and Capital Flight [J]. Journal of International Money and Finance, 2006, 25 (2): 308-329.

22. Neumayer E. Do Double Taxation Treaties Increase Foreign Direct Investment to Developing Countries? [J]. The Journal of Development Studies, 2007, 43 (8): 1501-1519.

23. Rodrik D. Policy Uncertainty and Private Investment in Developing Countries [J]. Journal of Development Economics, 1991, 36 (2): 229-242.

24. Smith C W, Stulz R M. The Determinants of Firms' Hedging Policies [J]. Journal of Financial and Quantitative Analysis, 1985, 20 (4): 391-405.

25. Stulz R. M. Rethinking Risk Management [J]. Journal of Applied Corporate Finance, 1996, 9 (3): 8-25.

26. Weyzig F. Tax Treaty Shopping: Structural Determinants of Foreign Direct Investment Routed Through the Netherlands [J]. International Tax and Public Finance, 2013, 20 (6): 910-937.

27. 陈胤默，孙乾坤，文雯，黄雨婷. 母国经济政策不确定性、融资约束与企业对外直接投资 [J]. 国际贸易问题，2019 (6): 133-144.

28. 樊纲，王小鲁，朱恒鹏. 中国市场化指数：各地区市场化相对进程2011年报告 [M]. 北京：经济科学出版社，2011.

29. 刘新利. 税收与GDP周期关系分析 [J]. 税务研究，2009 (10): 12-21.

30. 饶品贵，岳衡，姜国华. 经济政策不确定性与企业投资行为研究 [J]. 世界经济，2017, 40 (2): 27-51.

31. 田巍，余淼杰. 企业生产率和企业“走出去”对外直接投资：基于企业层面数据的实证研究 [J]. 经济学（季刊），2012, 11 (2): 383-408.

32. 王碧珺，谭语嫣，余淼杰，黄益平. 融资约束是否抑制了中国民营企业对外直接投资 [J]. 世界经济，2015, 38 (12): 54-78.

33. 王闽，侯晓红. 经济不确定性、政府补贴与企业技术创新投入 [J]. 华东经济管理，2015, 29 (12): 95-100.

34. 王守坤，任保平. 中国省级政府间财政竞争效应的识别与解析：1978—2006年 [J]. 管理世界，2008 (11): 32-43, 187.

35. 王永钦，杜巨澜，王凯. 中国对外直接投资区位选择的决定因素：制度、税负和资源禀赋 [J]. 经济研究，2014, 49 (12): 126-142.

36. 张晓瑜，陈胤默，文雯，孙乾坤. 避免双重征税协定与企业对外直接投资——基于“一带一路”沿线国家面板数据的分析 [J]. 国际经贸探索，

2018，34（1）：51-67.

37. 朱军．中国财政政策不确定性的指数构建、特征与诱因［J］. 财贸经济，2017，38（10）：22-36.

38. 朱青．中国企业“走出去”面临的税收问题［J］. 涉外税务，2012（1）：34-38.

第六章

经济政策与中国企业对外直接投资：基于不确定性视角[①]

① 本章内容已发表。陈胤默，孙乾坤，文雯，黄雨婷．母国经济政策不确定性、融资约束与企业对外直接投资［J］．国际贸易问题，2019（6）：133-144.

本章以2004—2014年中国A股上市企业为样本，采用Baker等（2013）开发的经济政策不确定性指数，基于不确定性视角，研究母国经济政策对企业对外直接投资决策的影响。研究发现：经济政策不确定性对企业对外直接投资会产生抑制作用，且这一负面的影响效应在融资约束较强的企业中表现得更为明显；此外，在考虑企业国际化发展战略后，发现经济政策不确定性的增加还会对企业对外直接投资的深度发展产生抑制作用。因此，本章拓展了经济政策不确定性和企业对外直接投资领域的相关研究，为政府更好地制定加快促进企业对外直接投资的政策措施以及企业增强自身防范与化解外部风险的能力提供了重要的理论指导和借鉴参考。

一、引言

随着经济全球化的不断深入发展，中国与世界经济进一步融合，中国对外直接投资进入黄金增长时期。截至2017年末，中国对外直接投资已分布于全球189个国家（地区），境内投资者设立对外直接投资企业3.92万家，对外直接投资流量高达1582.9亿美元[①]，多年来整体呈现出快速增长态势，且行业结构得以进一步优化。然而，中国企业对外直接投资也面临着诸多的风险和挑战，其中经济政策不确定性的增加成为影响企业“走出去”投资决策

① 资料来源：《2017年中国对外直接投资统计公报》。

的重要因素。因此，本章基于微观企业层面特征和宏观经济政策不确定性的视角，深入探讨经济政策的不确定性对中国企业对外直接投资决策的影响。

当经济政策不确定性程度提高时，企业面临的外部风险会随之上升（Pástor & Veronesi，2013），此时企业会通过降低内部风险来对冲由经济政策不确定性上升所带来的外部风险，降低内外部风险叠加可能给企业带来的损失，例如降低研发支出（Pástor & Veronesi，2013）、减少投资（Gulen & Ion，2016）、抑制风险投资倾向（Tian & Ye，2018）、增加现金持有（王红建等，2014）。然而，当前还鲜有文献从不确定性视角研究经济政策的不确定性对企业 OFDI 决策的影响。基于此，本章进一步探讨经济政策不确定性对企业 OFDI 决策的影响效应和路径。

本章的研究贡献在于：首先，丰富了 OFDI 母国宏观影响因素领域的文献。现有文献多从东道国宏观影响因素方面研究 OFDI 的投资决策问题，诸如从东道国投资者保护（鲁桐和党印，2015）、东道国制度环境（宗芳宇等，2012）、东道国政治环境（孙乾坤，2017）、东道国政策导向（裴长洪和郑文，2011）、东道国孔子学院设立（陈胤默等，2017）、东道国税负水平（魏浩等，2010）等角度研究其对 OFDI 投资决策的影响。鲜有文献从经济政策不确定性的角度进行研究，本章从经济政策不确定性的视角对这一问题展开探讨，拓展了该领域的研究。其次，丰富了关于经济政策不确定性所产生影响的研究。现有文献主要从出口角度研究经济政策不确定性对企业出口的影响，发现经济政策不确定性会对企业出口产生抑制作用（张莹和朱小明，2018）。鲜有文献从不确定性视角研究母国经济政策对企业对外直接投资的影响。进一步地，本章发现经济政策不确定性通过融资约束渠道对 OFDI 产生影响，深化了经济政策不确定性对企业对外直接投资作用机理的研究。最后，丰富了企业国际化发展战略影响因素方面的研究。现有研究发现高管股权激励（汝毅等，2016）、东道国制度因素（Kiss & Danis，2008）、网络关系和纽带（Ge &

Wang，2013）会对企业国际化发展战略进程产生影响，鲜有文献探究经济政策不确定性对企业国际化发展战略的影响。本章基于经济政策不确定性视角研究其对企业国际化发展战略的影响，发现经济政策不确定性会对企业海外投资深度产生抑制作用，进一步扩展了企业国际化发展战略领域的文献。

二、文献回顾与假设提出

经济政策制定过程中伴随着不可预测性、不透明性和模糊性，从而导致经济政策的不确定性（饶品贵等，2017）。经济政策不确定性主要包括三个方面：政府政策变化所导致的不确定性（Feng，2001）、政府落实政策方面的不确定性和政府采取一种完全不同立场的可能性（Le & Zak，2006）。对于参与经济活动的企业而言，经济政策的不确定性将会增加其外部融资的成本及其对外直接投资的风险，从而将进一步地影响到整体经济的发展速度和质量。

现有针对经济政策不确定性对企业投资的影响文献发现经济政策不确定性会导致企业融资成本增加、管理者风险规避行为增多（Panousi & Papanikolaou，2012），从而抑制了企业的投资行为。当企业投资不可逆、企业依赖政府支出、企业是非国有企业、机构投资者持股比例高、企业学习能力弱时，经济政策不确定性对企业投资的抑制作用更强（Gulen & Ion，2016）。经济政策不确定性的提高还会导致企业现金持有增加（王红建等，2014）、企业创新投资下降（Bhattacharya et al.，2017）、企业并购活动减少（Bonaime et al.，2018）。

企业对外直接投资是投资的一种重要形式。目前已有部分学者针对经济政策不确定性对企业对外直接投资的影响展开探究。例如，杨永聪和李正辉（2018）采用中国对外直接投资流量数据分析发现，中国对外直接投资流量规模与中国经济政策不确定性水平呈正相关关系，与东道国经济政策不确定性水平呈负相关关系。Nguyen 等（2018）采用东亚 8 个国家的数据研究发现当东道国经济政策不确定性水平比母国相对较低时，外商直接投资会增加，外商直接投资企业会采用金融衍生品去对冲经济政策不确定性风险。

从制度基础观角度分析，相对于东道国经济政策的影响，中国企业“走出去”受母国经济政策的影响更加直接而显著。中国政府在中国经济中占据了主导地位（Buckley et al.，2007），政府支持对于企业国际化产生了重要的影响。Wang 等（2012）基于制度基础观分析发现中国政府的介入及国有股份占比会对企业的国际化产生重要的影响，政府通过给对外直接投资企业施加制度压力影响其国际化的意愿和能力。同时，政府会通过不同的激励措施鼓励当地企业进行国际化投资（Luo et al.，2010）。激励性的经济政策是政府介入企业海外投资行为的一种重要手段。经济政策在制定、调整和执行过程中产生的不确定性会加大企业对外直接投资决策的难度。相对国内投资，企业对外直接投资受经济政策不确定性的影响更大。对外直接投资企业除了与国内投资一样需要面对相同的经济政策不确定性外，还会面临诸如汇率政策、货币政策、对外贸易政策、资本管制政策和海外投资审批程序等经济政策调整、制定和执行过程中产生的经济政策不确定性的影响。

在经济政策不确定性增加的大环境下，企业管理层在做海外投资决策时会趋于谨慎。海外投资项目通常周期长，投资规模大，投资不可逆。如果企业海外投资项目受临时性的限制性经济政策影响而延后或是搁浅，管理层将会为其海外投资决策承担投资失败的损失，这不仅会影响到管理层的个人福利，还会影响到管理层的声誉。因此，在经济政策不确定性增加的情况下，企业管理层在进行对外直接投资决策时会更加谨慎。基于以上分析，本章提出假设 1：

假设 1：在其他条件不变的情况下，经济政策不确定性的增加会抑制企业对外直接投资。

根据优序融资理论，企业会根据内源融资、债务融资和股权融资的顺序进行融资。然而，现有研究发现经济政策不确定性会对企业融资产生影响。第一，从内源融资角度分析，现有研究发现企业为了应对经济政策不确定性上升可能带来的风险，保障企业内部现金流的稳定，会加快现金的调整速度（郑立东等，2014），提高现金持有水平（王红建等，2014）。第二，从债务融资角度分析，经济政策不确定性的增加会导致商业银行不良贷款率上升从而迫使银行采取紧缩的信贷政策，导致企业债务融资成本增加（Baum et al.，2009）。纪洋等（2018）研究发现中国经济政策不确定性指数增加一个标准差，非国有企业的杠杆率则会下降 1.35%。蒋腾等（2018）发现经济政策不确定性的提高会导致企业银行借款水平下降。第三，从股权融资角度分析，经济政策不确定性的上升会使得股票市场的波动更大（Pástor & Veronesi，2013），进而影响到企业的新股发行、股票增发及融资规模等。对于首次公开募股（IPO）而言，Çolak 等（2017）研究发现经济政策不确定性的增加会对企业 IPO 产生抑制作用，这种抑制效应会导致更低的 IPO 定价。对于中国对外直接投资企业而言，其主要的融资渠道来源于国内，当经济政策不确定性上升时，对外直接投资企业从银行和股权市场获得资金的难度均会增加。加之出于现金流安全的考虑，企业将倾向于提高现金持有水平。因此，当经济政策不确定性上升时，对外直接投资企业面临的融资约束程度较大。

现有研究发现融资约束会抑制企业对外直接投资。Buch 等（2009）采用德国微观企业数据实证考察了融资约束与企业对外直接投资行为之间的关系，发现前者对后者有显著的负向影响，表明融资约束会降低企业对外直接投资的可能性（Buch et al.，2014）。此外，融资约束还会抑制企业对外直接投资规模的扩张（王碧珺等，2015）。相对于生产率低的企业，融资约束对生产率高的企业的影响更大（Buch et al.，2014），而企业在全要素生产率方面的优势可以缓解融资约束对 OFDI 的负面影响（刘莉亚等，2015）。因此，当经济政策不确定性上升时，企业面临的融资约束程度较大，而融资约束会对企业对外直接投资行为产生抑制作用。基于此，本章提出假设 2：

假设 2：相对于非融资约束企业，经济政策不确定性对融资约束企业 OFDI 的抑制作用更大。

三、研究设计

（一）样本选择与数据来源

本章选取了 2004—2014 年中国 A 股上市公司数据为初始研究样本。企业财务数据来源于 CSMAR 数据库，企业对外直接投资数据来源于商务部公布的《境外投资企业（机构）名录》，经济政策不确定性数据来源于 Baker 等（2013）开发编制的中国经济政策不确定性指数①。在初始样本的基础上，本章进行了如下处理：①剔除存在缺失值的观测值；②剔除金融类上市公司；③为了避免异常值影响，所有连续变量都进行 1%和 99%的缩尾处理。经过上述处理，最终样本量为 20529 个公司—年份观测值。

（二）变量选择

1. 因变量

因变量 *OFDI* 是哑变量，若企业 i 在第 t 年进行对外直接投资则取值为 1，否则为 0。

2. 核心解释变量

（1）经济政策不确定性指数（*China_EPU*）。Baker 等（2013）基于对《南华早报》文章中关键词的搜索，统计每个月中符合要求的《南华早报》

① 资料来源：http：//www. policyuncertainty. com/index. html。

的报道数目，然后除以该月所有《南华早报》的报道数目，从而构建了中国经济政策不确定性指数。该数据的起始时间是 1995 年 1 月，以此为基础进行标准化，并且逐月更新之后每个月的经济政策不确定性指数。本章取一年内 12 个月的月度数据的算术平均值作为年度变量计算中国经济政策不确定性：$China\_EPU=\sum$ 月度中国经济政策不确定性指数/12。

（2）融资约束（*SA*）。本章借鉴 Hadlock 和 Pierce（2010）的方法，使用 *SA* 指数度量企业的融资约束。具体 *SA* 指数计算公式为：$SA=-0.737\times Size+0.043\times Size^2-0.040Age_1$。其中，*Size* 表示企业规模，采用企业总资产的自然对数进行度量，即 $Size=\ln$［企业总资产真实值（单位：元）/100 万］。Age_1 表示企业上市年龄，等于观测年份减去企业上市年份，该指标为负值且绝对值越大，表明企业面临的融资约束越大。

3. 控制变量

为了提高模型的准确性和更好地揭示经济政策不确定性对企业对外直接投资的影响，本章参考 Wang 等（2012）、孟庆斌和师倩（2017）、Gaur 等（2018）的方法选择了如下控制变量：①成长性（*Growth*），等于本期净利润除以上期净利润的值减 1。②盈利能力（*ROA*），等于净利润除以总资产。③企业规模（*Size*），以企业总资产取自然对数进行衡量。④资产结构（*PPE*），等于固定资产净额除以总资产。⑤企业税率水平（*Tax*），等于营业税金及附加除以营业总收入。⑥企业成立年龄（*Age*），等于观测年份减去企业成立年份。⑦资产负债率（*Leverage*），等于负债总额除以资产总额。⑧世界经济政策不确定性（*Global_EPU*）。考虑到企业对外直接投资会受到国际因素的影响，本章参考 Nguyen 等（2018）的方法，在控制变量中加入 Baker 等（2016）编制的世界经济政策不确定性指数来控制国际因素对中国企业对外直接投资的影响。世界经济政策不确定性计算公式为：$Global\_EPU=\sum$ 月度世界经济政策不确定性指数/12。⑨行业虚拟变量（*Industry*），控制与行业相关的不可观测因素的影响。⑩年份虚拟变量（*Year*），控制宏观经济波动对企业对外直接投资可能性的影响。为控制可能的截面相关问题，本章对所有回归中的标准误进行企业维度的聚类处理。

（三）模型设定

本章设定的实证模型如下：

$$OFDI_{i,t} = \beta_0 + \beta_1 China\_EPU_t + \sum Control + Industry + Year + \varepsilon \quad (1)$$

$$OFDI_{i,t} = \beta_0 + \beta_1 SA_{i,t} + \beta_2 China\_EPU_t + \beta_3 China\_EPU_t \times SA_{i,t} + \sum Control + Industry + Year + \varepsilon \quad (2)$$

基于前文阐述的理论分析与假设，构建模型（1）以检验假设1，即检验经济政策不确定性是否会对企业对外直接投资产生影响。构建模型（2）以检验假设2，即检验相对于非融资约束企业，经济政策不确定性对融资约束企业OFDI的抑制作用更大。其中，模型（2）是在模型（1）的基础上增加了融资约束（*SA*）以及融资约束与经济政策不确定性的交互项（*China_EPU×SA*）。融资约束指数越大，企业面临的融资约束越严重。交互项变量用来衡量融资约束与经济政策不确定性的交互作用，若交互项变量 *China_EPU×SA* 的系数 β_3 显著为负，则表明相对于非融资约束企业，经济政策不确定性对融资约束企业对外直接投资的抑制作用更大。其中，i 表示企业个体；t 表示年度；β_0 为常数项；ε 是误差项，代表其他不可观测因素。*Control* 为控制变量，包括世界经济政策不确定性和企业层面的控制变量，具体为成长性、盈利能力、企业规模、资产结构、企业税率水平、企业成立年龄、资产负债率。

根据豪斯曼（Hausman）检验结果，确定本章应该采用固定效应模型而非随机效应模型。随后，进一步利用方差膨胀因子（VIF）进行检验，发现各个变量的方差膨胀因子均小于10，表明不存在严重的多重共线性问题。

四、实证分析与结果

（一）描述性统计

表 6-1 是主要变量的描述性统计结果。企业对外直接投资（*OFDI*）的均值为 0.037，表明在样本中有 3.7%的企业进行对外直接投资。经济政策不确定性（*China_EPU*）的均值为 131.303，标准差为 53.162，最大值为 244.398，最小值为 64.962，表明在样本期间内，经济政策不确定性存在较大波动。融资约束（*SA*）的均值为-3.737，标准差为 0.224，表明不同企业面临的融资约束程度存在较大差异。

表 6-1　描述性统计

变量	样本量	均值	标准差	最小值	中位数	最大值
OFDI	20529	0.037	0.189	0.000	0.000	1.000
China_EPU	20529	131.303	53.162	64.962	123.635	244.398
SA	20529	-3.737	0.224	-4.203	-3.751	-3.108
Growth	20529	0.624	0.336	0.204	0.552	1.274
ROA	20529	0.041	0.034	-0.007	0.036	0.101
Size	20529	21.626	1.305	10.842	21.483	28.509
PPE	20529	0.256	0.180	0.001	0.222	0.751
Tax	20529	0.016	0.026	0.000	0.006	0.140
Age	20529	16.866	4.989	3.000	17.000	36.000
Leverage	20529	0.469	0.196	0.168	0.477	0.770
Global_EPU	20529	111.386	30.974	62.030	120.282	157.144
Depth	20529	3.017	53.287	0.000	0.000	3896.000
Tangibility	20528	0.500	0.129	0.153	0.499	0.846

（二）实证回归结果

表6-2列示了模型（1）的实证回归结果。其中，第（1）列是仅考虑行业变量的结果，经济政策不确定性（*China_EPU*）的系数为-0.001，在5%的统计性水平上显著为负。第（2）列是同时考虑行业和年份变量的结果，经济政策不确定性（*China_EPU*）的系数为-0.013，在1%的统计性水平上显著为负。实证回归结果验证了本章的假设1，表明在其他条件不变的情况下，经济政策不确定性上升，企业面临的外部经营风险及不确定性会增加，对外直接投资企业在进行海外投资决策时会更加谨慎，从而对企业对外直接投资行为产生抑制作用。

表6-2　经济政策不确定性与企业对外直接投资

变量	*OFDI*	*OFDI*
	(1)	(2)
China_EPU	-0.001**	-0.013***
	(-2.17)	(-4.10)
Growth	0.572	0.567
	(1.54)	(1.52)
ROA	-10.803***	-10.959***
	(-3.95)	(-3.94)
Size	0.224***	0.240***
	(2.89)	(3.00)
PPE	-0.176	-0.236
	(-0.27)	(-0.35)
Tax	-11.474*	-11.499*
	(-1.69)	(-1.69)
Age	0.020	0.018
	(0.98)	(0.84)
Leverage	-0.632	-0.685
	(-1.05)	(-1.12)

续表

变量	*OFDI*	*OFDI*
	(1)	(2)
Global_EPU	-0.006***	-0.003***
	(-5.05)	(-2.83)
Constant	-7.080***	-6.433***
	(-4.18)	(-3.88)
Industry	Yes	Yes
Year	No	Yes
Pseudo R^2	0.041	0.042
N	18939	18939

注：①回归中已对 t 值进行了公司层面的 cluster 处理；②***、**、*分别代表在 1%、5%和 10%的统计水平上显著，均为双尾；③已经对所有连续变量进行过 1%和 99%水平的缩尾处理，下同。

表 6-3 列示了模型（2）的实证回归结果。其中，第（6）列是考虑融资约束（*SA*）与经济政策不确定性（*China_EPU*）交互项的回归结果，经济政策不确定性（*China_EPU*）与融资约束（*SA*）交互项的系数为-0.011，在1%的统计性水平上显著为负。回归结果验证了本章的假设 2，表明相对于非融资约束企业，经济政策不确定性对融资约束企业对外直接投资的抑制作用更大。这表明，当经济政策不确定性上升时，对外直接投资企业面临的融资约束程度较大，企业内源融资资金紧张，同时企业从外部银行和股权市场获得资金的难度也在加大，从而抑制了企业对外直接投资。

表 6-3　经济政策不确定性、融资约束与企业对外直接投资

变量	*OFDI*	*OFDI*	*OFDI*	*OFDI*	*OFDI*	*OFDI*
	(1)	(2)	(3)	(4)	(5)	(6)
SA	-1.901*	-1.922*	-1.898*	-1.922*	-0.623	-0.530
	(-1.92)	(-1.92)	(-1.91)	(-1.92)	(-0.65)	(-0.55)
China_EPU			-0.001**	-0.013***	-0.039***	-0.056***
			(-2.05)	(-4.00)	(-4.10)	(-5.22)

续表

变量	OFDI (1)	OFDI (2)	OFDI (3)	OFDI (4)	OFDI (5)	OFDI (6)
China_EPU× SA					-0.010***	-0.011***
					(-4.03)	(-4.40)
Growth	0.554	0.553	0.559	0.553	0.554	0.548
	(1.47)	(1.46)	(1.48)	(1.46)	(1.47)	(1.44)
ROA	-10.979***	-11.228***	-11.030***	-11.228***	-11.135***	-11.362***
	(-3.95)	(-3.95)	(-3.95)	(-3.95)	(-3.99)	(-3.98)
Size	0.212**	0.232**	0.214**	0.232**	0.218**	0.239**
	(2.27)	(2.40)	(2.28)	(2.40)	(2.33)	(2.47)
PPE	-0.129	-0.199	-0.139	-0.199	-0.138	-0.206
	(-0.19)	(-0.30)	(-0.21)	(-0.30)	(-0.21)	(-0.31)
Tax	-11.650*	-11.599*	-11.559*	-11.599*	-11.781*	-11.830*
	(-1.69)	(-1.67)	(-1.68)	(-1.67)	(-1.71)	(-1.70)
Age	-0.055	-0.059	-0.055	-0.059	-0.058	-0.062
	(-1.22)	(-1.28)	(-1.22)	(-1.28)	(-1.27)	(-1.34)
Leverage	-0.633	-0.702	-0.641	-0.702	-0.662	-0.731
	(-1.02)	(-1.12)	(-1.03)	(-1.12)	(-1.07)	(-1.16)
Global_EPU	-0.007***	-0.030***	-0.006***	-0.003***	-0.006***	-0.003***
	(-5.11)	(-4.10)	(-4.95)	(-2.71)	(-5.08)	(-3.04)
Constant	-12.674***	-10.386***	-12.657***	-12.086***	-7.825**	-6.716*
	(-3.49)	(-2.98)	(-3.48)	(-3.34)	(-2.11)	(-1.84)
Industry	Yes	Yes	Yes	Yes	Yes	Yes
Year	No	Yes	No	Yes	No	Yes
Pseudo R^2	0.044	0.046	0.044	0.046	0.045	0.047
N	18939	18939	18939	18939	18939	18939

五、进一步研究

对外直接投资是企业国际化的重要形式，企业国际化投资战略是其国际化进程中需要考虑的重要方面之一（Casillas & Acedo，2013）。经济政策不确定性不仅会对企业是否进行海外投资的决策产生影响，而且会对企业国际化战略的选择产生影响。现有研究发现，经济政策不确定性的增加会导致企业投资下降（Gulen & Ion，2016；饶品贵等，2017）。当经济政策不确定性增加时，企业采取快速发展的海外投资战略所面临的外部宏观环境风险会增大，此时企业的投资行为也会变得更加谨慎。因此，在经济政策不确定性上升时，企业采取快速发展的海外投资战略的意愿会下降。

企业外部宏观环境的变化不仅会对企业海外投资战略选择产生影响，也会对企业的高管行为产生影响。企业高管通常对快速发展的海外投资战略是风险厌恶的。快速发展的海外投资战略会增加企业的海外经营风险，进而会使企业高管个人风险增加，这会损害高管声誉（Alessandri & Seth，2014）。基于委托代理理论，高管出于人力资本专用性和职业发展的考虑，其风险承担意愿会低于股东；当企业风险承担水平低于最优水平时，高管的“风险承担代理问题”随即产生（Kempf et al.，2009；Low，2009）。外部不确定性的增加会进一步迫使管理者不愿意与公司共担风险（刘志远等，2017）。因此，经济政策不确定性上升时，企业高管实施快速发展的海外投资战略的意愿会下降。

Vermeulen 和 Barkema（2002）首次提出采用特定时间内海外成立子公司数目来度量企业国际化速率。其后，Casillas 和 Acedo（2013）提出采用国际投资的范围、规模和速率来度量企业国际化发展进程。本章参考 Casillas 和 Acedo（2013）的研究方法，采用企业对外直接投资规模度量海外投资深度，该数值越大，表示企业采用快速发展的海外投资战略意愿越强。

本章构建模型（3）进行实证检验。其中，$Depth_{i,t}$为海外投资深度，表示企业海外投资的规模，采用企业对外直接投资金额进行度量（单位：百万元）。其他控制变量与前文一致，在此不再赘述。

$$Depth_{i,t} = \beta_0 + \beta_1 China\_EPU_t + \sum Control + Industry + Year + \varepsilon \quad (3)$$

表6-4报告了经济政策不确定性对海外投资深度的影响。经济政策不确定性的回归系数为-0.085，在10%的统计性水平上显著为负。以上结果表明，经济政策不确定性的增加会对企业海外投资深度产生抑制作用。当经济政策不确定性增加时，企业对外直接投资的规模也会减小。

表6-4 经济政策不确定性与海外投资深度

变量	海外投资深度
China_EPU	-0.085*
	(-1.69)
Growth	6.625***
	(5.18)
ROA	-31.814**
	(-2.48)
Size	7.303***
	(22.81)
PPE	-0.184
	(-0.08)
Tax	136.165***
	(7.28)
Age	-0.480***
	(-5.87)
Leverage	-7.482***
	(-3.11)
Global_EPU	-0.030
	(-0.84)
Constant	-134.387***
	(-15.66)
Industry	Yes
Year	Yes
Pseudo R^2	0.053
N	20524

六、稳健性检验

为了验证结果的稳健性，本章进行了如下测试：①倾向得分匹配法（PSM）稳健性检验。参考 De Loecker（2007）的方法，将全样本企业分成 OFDI 企业和非 OFDI 企业两组，并将 OFDI 企业作为实验组，非 OFDI 企业作为对照组。基于此，利用倾向得分匹配法将实验组与对照组中的企业进行匹配，得到配对成功样本 630 组。然后，使用此配对样本对模型进行回归分析。②经济政策不确定性指标的稳健性检验。参考 Wang 等（2014）的方法，取一年内 12 个月的中国经济政策不确定性月度数据的几何平均值作为年度变量进行稳健性检验。③融资约束度量方法的稳健性检验。参考连玉君等（2010）、Xu 等（2013）的研究，选择企业有形资产占比、企业成立年龄、企业规模和企业资产负债率 4 个代理指标来度量企业的融资约束水平。以上三种检验结果均与前文保持了高度一致性，从而进一步支持了本章假设，说明了本章的研究结论是稳健的。

七、研究结论

本章以 2004—2014 年中国 A 股上市企业为样本，采用 Baker 等（2013）开发的经济政策不确定性指数，探究经济政策不确定性对企业对外直接投资决策的影响。研究发现，经济政策不确定性会抑制企业对外直接投资，并且这一影响在融资约束较强的企业中更为明显。考虑国际化发展战略后发现，经济政策不确定性的增加会对企业海外投资深度产生抑制作用。在一系列稳健性检验后发现结论依然成立，再次证明了实证结果的可靠性。

本章的政策含义在于：第一，为推动中国企业更好地“走出去”，应该坚持推动和深化“一带一路”倡议，中国政府可以通过加强政策透明度、制定长远的对外直接投资政策及法规，积极有序地引导中国企业“走出去”，减少经济政策不确定性给企业“走出去”带来的负面影响。第二，对外直接投资企业应努力提高对中国经济政策的理解，时时把握经济政策动态，根据经济政策的变化调整对外直接投资的投融资决策，做好项目融资准备工作，避免由于对经济政策把握不准而造成海外投资资金不足等情况的发生。第三，对于经济政策的把握和理解可能会超出企业可控范围，因而对外直接投资企业还可通过强化海外投资风险预警措施、建立海外投资损失准备金制度、完善海外投资商业保险制度等措施，来弥补不可精确预知的经济政策不确定性所带来的可能损失。

参考文献

1. Alessandri T M, Seth A. The effects of managerial ownership on international and business diversification: Balancing incentives and risks [J]. Strategic Management Journal, 2014, 35 (13): 2064-2075.

2. Baker S R, Bloom N, Davis S J. Measuring economic policy uncertainty [J]. The Quarterly Journal of Economics, 2016, 131 (4): 1593-1636.

3. Baker S, Bloom N, Davis S J, et al. A measure of economic policy uncertainty for China [M]. Work-in-Progress, University of Chicago, Chicago, 2013.

4. Baum C F, Caglayan M, Ozkan N. The second moments matter: The impact of macroeconomic uncertainty on the allocation of loanable funds [J]. Economics Letters, 2009, 102 (2): 87-89.

5. Bhattacharya U, Hsu P H, Tian X, et al. What affects innovation more: policy or policy uncertainty? [J]. Journal of Financial and Quantitative Analysis, 2017, 52 (5): 1869-1901.

6. Bonaime A, Gulen H, Ion M. Does policy uncertainty affect mergers and acquisitions? [J]. Journal of Financial Economics, 2018, 129 (3): 531-558.

7. Buch C M, Kesternich I, Lipponer A, et al. Financial Constraints and the Margins of FDI [J]. Law Discussion Papers, 2009, 150 (2): 393-420.

8. Buch C M, Kesternich I, Lipponer A, et al. Financial constraints and foreign direct investment: firm-level evidence [J]. Review of World Economics, 2014, 150 (2): 393-420.

9. Buckley P J, Clegg L J, Cross A R, et al. The determinants of Chinese outward foreign direct investment [J]. Journal of International Business Studies, 2007, 38 (4): 499-518.

10. Casillas J C, Acedo F J. Speed in the internationalization process of the firm [J]. International Journal of Management Reviews, 2013, 15 (1): 15-29.

11. Çolak G, Durnev A, Qian Y. Political uncertainty and IPO activity: Evidence from US gubernatorial elections [J]. Journal of Financial and Quantitative Analysis, 2017, 52 (6): 2523-2564.

12. De Loecker J. Do exports generate higher productivity? Evidence from Slovenia [J]. Journal of International Economics, 2007, 73 (1): 69-98.

13. Feng Y. Political freedom, political instability, and policy uncertainty: A study of political institutions and private investment in developing countries [J]. International Studies Quarterly, 2001, 45 (2): 271-294.

14. Gaur A S, Ma X, Ding Z. Home country supportiveness/unfavorableness and outward foreign direct investment from China [J]. Journal of International Business Studies, 2018, 49 (3): 324-345.

15. Ge G L, Wang H Q. The impact of network relationships on internationalization process: An empirical study of Chinese private enterprises [J]. Asia Pacific

Journal of Management, 2013, 30 (4): 1169-1189.

16. Gulen H, Ion M. Policy uncertainty and corporate investment [J]. The Review of Financial Studies, 2016, 29 (3): 523-564.

17. Hadlock C J, Pierce J R. New evidence on measuring financial constraints: Movingbeyond the KZ index [J]. The Review of Financial Studies, 2010, 23 (5): 1909-1940.

18. Kempf A, Ruenzi S, Thiele T. Employment risk, compensation incentives, and managerial risk taking: Evidence from the mutual fund industry [J]. Journal of Financial Economics, 2009, 92 (1): 92-108.

19. Kiss A N, Danis W M. Country institutional context, social networks, and new venture internationalization speed [J]. European Management Journal, 2008, 26 (6): 388-399.

20. Le Q V, Zak P J. Political risk and capital flight [J]. Journal of International Money and Finance, 2006, 25 (2): 308-329.

21. Low A. Managerial risk-taking behavior and equity-based compensation [J]. Journal of Financial Economics, 2009, 92 (3): 470-490.

22. Luo Y, Xue Q, Han B. How emerging market governments promote outward FDI: Experience from China [J]. Journal of World Business, 2010, 45 (1): 68-79.

23. Nguyen Q, Kim T, Papanastassiou M. Policy uncertainty, derivatives use, and firm-level FDI [J]. Journal of International Business Studies, 2018, 49 (1): 96-126.

24. Panousi V, Papanikolaou D. Investment, idiosyncratic risk, and ownership [J]. The Journal of Finance, 2012, 67 (3): 1113-1148.

25. Páctor L', Veronesi P. Political uncertainty and risk premia [J]. Journal

of Financial Economics, 2013, 110 (3): 520-545.

26. Tian X, Ye K. How does policy uncertainty affect venture capital? [R]. PBCSF-NIFR Research Paper, 2018.

27. Vermeulen F, Barkema H. Pace, rhythm, and scope: Process dependence in building a profitable multinational corporation [J]. Strategic Management Journal, 2002, 23 (7): 637-653.

28. Wang C, Hong J, Kafouros M, et al. Exploring the role of government involvement in outward FDI from emerging economies [J]. Journal of International Business Studies, 2012, 43 (7): 655-676.

29. Wang Y, Chen C R, Huang Y S. Economic policy uncertainty and corporate investment: Evidence from China [J]. Pacific-Basin Finance Journal, 2014, 26: 227-243.

30. Xu N, Xu X, Yuan Q. Political connections, financing friction, and corporate investment: Evidence from Chinese listed family firms [J]. European Financial Management, 2013, 19 (4): 675-702.

31. 陈胤默，孙乾坤，张晓瑜．孔子学院促进中国企业对外直接投资吗——基于“一带一路”沿线国家面板数据的分析 [J]. 国际贸易问题，2017 (8): 84-95.

32. 纪洋，王旭，谭语嫣，黄益平．经济政策不确定性、政府隐性担保与企业杠杆率分化 [J]. 经济学（季刊），2018, 17 (2): 449-470.

33. 蒋腾，张永冀，赵晓丽．经济政策不确定性与企业债务融资 [J]. 管理评论，2018, 30 (3): 29-39.

34. 连玉君，彭方平，苏治．融资约束与流动性管理行为 [J]. 金融研究，2010 (10): 158-171.

35. 刘莉亚，何彦林，王照飞，程天笑．融资约束会影响中国企业对外直接投资吗？——基于微观视角的理论和实证分析 [J]. 金融研究，2015 (8)：124-140.

36. 刘志远，王存峰，彭涛，郭瑾. 政策不确定性与企业风险承担：机遇预期效应还是损失规避效应 [J]. 南开管理评论，2017，20 (6)：15-27.

37. 鲁桐，党印. 投资者保护、行政环境与技术创新：跨国经验证据 [J]. 世界经济，2015，38 (10)：99-124.

38. 孟庆斌，师倩. 宏观经济政策不确定性对企业研发的影响：理论与经验研究 [J]. 世界经济，2017，40 (9)：75-98.

39. 裴长洪，郑文. 国家特定优势：国际投资理论的补充解释 [J]. 经济研究，2011，46 (11)：21-35.

40. 饶品贵，岳衡，姜国华. 经济政策不确定性与企业投资行为研究 [J]. 世界经济，2017，40 (2)：27-51.

41. 汝毅，郭晨曦，吕萍. 高管股权激励、约束机制与对外直接投资速率 [J]. 财经研究，2016，42 (3)：4-15.

42. 孙乾坤，中国对“一带一路”国家直接投资的区位选择研究 [D]. 对外经济贸易大学，2017.

43. 王碧珺，谭语嫣，余淼杰，黄益平. 融资约束是否抑制了中国民营企业对外直接投资 [J]. 世界经济，2015，38 (12)：54-78.

44. 王红建，李青原，邢斐. 经济政策不确定性、现金持有水平及其市场价值 [J]. 金融研究，2014 (9)：53-68.

45. 魏浩，何晓琳，赵春明. 制度水平、制度差距与发展中国家的对外贸易发展——来自全球31个发展中国家的国际经验 [J]. 南开经济研究，2010 (5)：18-34.

46. 杨永聪，李正辉. 经济政策不确定性驱动了中国OFDI的增长吗——基于动态面板数据的系统GMM估计 [J]. 国际贸易问题，2018 (3)：

138-148.

47. 张莹，朱小明. 经济政策不确定性对出口质量和价格的影响研究[J]. 国际贸易问题，2018（5）：12-25.

48. 郑立东，程小可，姚立杰. 经济政策不确定性、行业周期性与现金持有动态调整[J]. 中央财经大学学报，2014（12）：68-78.

49. 宗芳宇，路江涌，武常岐. 双边投资协定、制度环境和企业对外直接投资区位选择[J]. 经济研究，2012，47（5）：71-82，146.

第七章

货币政策与中国企业对外直接投资：基于融资约束视角[①]

① 本章内容已发表。陈胤默，文雯，孙乾坤，黄雨婷．货币政策、融资约束与企业对外直接投资［J］．投资研究，2018（3）：4-23.

本章以 2004—2014 年我国 A 股非金融类上市公司为样本，研究宏观货币政策与微观企业融资约束对中国企业对外直接投资决策的影响。研究发现，货币政策越宽松，企业对外直接投资的可能性越大；在货币政策紧缩期，企业对外直接投资受融资约束的抑制作用更加明显。进一步研究发现，融资约束对企业对外直接投资的抑制作用在金融危机后更为显著；且企业所处地区市场化程度越低、企业资本密集度越高、企业所处行业为制造业、企业与银行不存在关联关系时，企业对外直接投资受融资约束的负向影响越大。

一、引言

我国政府实施“走出去”战略以来，企业对外直接投资进程加快。在企业对外直接投资快速增长的大趋势下，我国企业在对外直接投资的过程中也面临许多困难，其中融资困难成为制约企业“走出去”的关键影响因素。企业的融资能力不仅取决于微观层面的企业财务状况，还会受到宏观层面国家政策的影响（陆正飞等，2009；靳庆鲁等，2012；綦好东等，2015）。因此，在我国企业加快对外直接投资的背景下，将微观和宏观影响因素相结合，探索我国企业对外直接投资的决定性因素具有重要的理论和现实意义。

相较于国内投资，企业对外直接投资受微观企业财务状况和宏观经济政策影响更加明显。主要原因在于：一方面，对外直接投资资金量大且投资期限长，企业对外直接投资会面临较高的固定成本，这要求企业拥有较强的融资能力。当企业面临融资约束，其初始资金不足以支付固定成本时，企业无法进行对外直接投资行为。另一方面，由于企业在东道国缺乏信贷担保且经营上存在较大的风险，所以在东道国难以获得有力的资金支持。此外，企业在对外直接投资过程中会面临母国和东道国双重宏观经济政治等因素的影响，复杂的投资环境加剧了企业的潜在风险，也使得企业需要足够的资金支持其应对经营和投资中的不确定性。现阶段我国的资本市场发展不完善，民营企业的融资约束问题较为严重（Allen et al.，2005；Claessens & Tzioumis，2006；罗长远和陈琳，2012）。不完善的资本市场，普遍存在的金融摩擦，企业面临的融资约束，都会影响到企业的投资行为（Fazzari et al.，1987；Hubbard，1997；饶华春，2009）。宏观政策特别是货币政策对企业的影响极其深远，宏观货币政策通过改变企业的投融资环境、企业风险承担等，进一步作用于企业的融资和投资决策（全怡等，2015）。

基于上述分析，本章提出并尝试探讨以下几个问题：在中国，宏观层面的货币政策是否会对微观层面的企业对外直接投资决策产生影响？如果存在影响，其影响路径如何体现？在宏观环境及企业异质性差异下，宏观货币政策对微观企业对外直接投资决策的影响是否存在差异？

本章的贡献体现在以下三个方面：首先，本章的研究视角比较新颖，将企业的微观行为与宏观环境相结合探讨货币政策对企业对外直接投资的影响。以往文献主要从东道国制度环境因素（宗芳宇等，2012）、东道国政策导向（裴长洪和郑文，2011；陈兆源等，2015）、东道国政治风险（张元钊，2017）、东道国税负水平（魏浩等，2010；陈恩和陈博，2015）、避免双重征税协定（张晓瑜等，2018）、母国经济增长水平（张小溪和樊友丹，2016）、母国文化助推（陈胤默等，2017）、企业融资约束（Buch et al.，2014；王碧珺等，2015；刘莉亚等，2015）、企业异质性（邱立成和刘奎宁，2016）等角度对企业对外直接投资进行研究。鲜有文献从母国宏观货币政策的角度研究企业对外直接投资行为，本章借助于货币政策的变化，将宏观经济环境和微观企业行为相结合探讨企业对外直接投资决策，拓宽了相关领域的研究。其次，本章的研究发现拓展了宏观货币政策经济后果的文献。现有货币政策微观传导效应研究主要是基于经典的利率渠道和信贷渠道理论研究货币政策对企业投资（Kaoru & Daisuke，2014；Masuda，2015）、存货调整（Sangalli，2013；杜建华，2013）和资本结构变动（Voutsinas & Werner，2011；宋献中等，2014）等的影响，或是基于货币政策的风险承担渠道理论研究货币政策对商业银行风险承担的影响（Delis & Mylonidis，2012；张雪兰和何德旭，2012；金鹏辉等，2014；Karapetyan，2016）。鲜有文献结合宏观货币政策与微观企业融资约束研究货币政策对企业对外直接投资的影响。本章的研究发现为宏观货币政策的传导机制提供了企业对外直接投资层面的微观证据。最后，从实践意义上，本章为更好地发挥国家金融支持助力“一带一路”倡议实施提供决策参考。

二、文献回顾与假设提出

（一）文献回顾

1. 货币政策对融资约束的影响

宏观货币政策会影响企业的融资约束。宏观货币政策是国家调控宏观经济的重要手段，主要通过中央银行干预和调节经济体中资金供给与资金成本来实现。货币政策影响渠道主要表现为：通过信贷渠道和货币渠道对经济系统产生影响（Hicks，1937；Bernanke & Blinder，1988；Bernanker & Blinder，1992），进而影响企业的融资环境。货币政策对企业融资环境的影响，进一步地对企业的投资行为产生最终的影响。Kashyap 等（1992）研究发现紧缩的货币政策会减少银行的信贷供给贷款，进而影响企业的投资行为。Rajan 和 Zingales（1998）指出企业所处的融资环境会对企业的融资模式和企业发展产生影响，宽松的融资约束环境有利于外部融资依赖行业的发展。Gaiotti 和 Generale（2002）以意大利企业的微观数据为样本进行研究，发现货币政策通过影响企业的资本成本进而对企业的投资产生影响。

目前，我国资本市场仍不健全，金融服务系统不完善，企业的融资渠道少，企业面临的融资约束问题较为严重。在我国，宏观货币政策主要是通过信贷渠道影响企业融资约束，进而对企业的投资决策产生影响。信贷渠道表现为银行贷款效应和企业资产负债表效应。银行贷款效应表现为：当中央银行采取宽松的货币政策时，利率会下降，企业从银行可获得的贷款会增加，企业外部融资成本会下降。企业资产负债表效应表现为：当货币政策放松时，利率下降，企业的资产价值会增加，此时企业进行外部融资的道德风险和逆向选择问题会降低，企业外部融资成本会随之减少。当前的文献多使用投资—现金流敏感性衡量企业的融资约束程度，采用投资—现金流敏感性对货币政策的反应来检验货币政策的信贷渠道存在性。相对于非融资约束的企业，存在融资约束的企业对内部现金的敏感性较大，而在紧缩货币政策时期企业对现金流更加敏感。祝继高等（2009）研究发现，为满足企业投资的需求，在不同货币政策下企业持有现金的数量有所不同，在货币政策紧缩期，高成长性企业会持有更多的现金，以缓解企业的融资约束。靳庆鲁等（2012）发现宽松的货币政策减少了民营企业的融资约束。韩东平和张鹏（2015）进一步研究发现，宽松的货币政策会降低外部管理能力较强企业的融资约束。此外，当宽松的货币政策向紧缩的货币政策变化时，企业面临的经济形势会趋于复杂，企业未来的盈利不确定性会随之增加（马文超和胡思玥，2012）。这些变化都将加剧企业的融资约束，进而影响到企业的投资决策。

2. 融资约束对 OFDI 的影响

Modigliani 和 Miller（1958）认为在完美的资本市场中，公司投资行为与财务状况无关。现实的资本市场并不完美，由于委托代理问题、交易费用和信息不对称的存在，企业内外部资本不能完全相互替代，产生了融资约束。企业存在委托代理问题时，经理人从自身利益最大化角度出发，可能会做出损害投资者利益的行为。外部投资者会要求一定的风险溢价来弥补其可能遇到的风险。而在外部融资过程中会产生诸如谈判、签约等交易费用，较高的交易费用会使得企业面临融资约束。同时，信息不对称程度越高，企业面临的融资约束越大。融资约束的存在会使拥有良好投资机会的企业被迫放弃 NPV 为正的投资项目，使企业的投资偏离最优投资水平（Stiglitz & Weiss, 1981；Myers & Majluf, 1984；Greenwald et al.，1984；Bernanke & Gertler, 1989；Gertler, 1992），不利于企业的发展。

Hubbard（1997）研究发现融资约束会对企业的投资行为产生影响。企业进行 OFDI 的过程中会面临较多的困难。从项目投资角度来看，企业在海外进行直接投资时，通常项目前期准备时间长，固定成本投资额大，经营周期长，投资收益不确定性大。从项目融资角度来说，由于 OFDI 项目设在海外，债权人对项目的监督成本高，相对国内项目而言，信息不对称问题更加严重，企业不容易得到信贷支持。同时，债权人会对项目要求更高的风险溢价，增加了融资成本。因此，融资约束会对 OFDI 产生负面的影响。Buch 等（2009）采用德国微观企业数据研究发现，融资约束对企业对外直接投资行为有显著的负向影响。Buch 等（2014）研究发现融资约束会降低企业对外直接投资的可能性。

针对融资约束对 OFDI 的影响，学者多从两个角度进行研究。第一，融资异质性的角度。姜亚鹏等（2014）研究发现金融抑制下的信贷配给是国有企业对外直接投资的主要原因。王碧珺等（2015）研究发现融资约束不仅抑制了中国民营企业对外直接投资的可能性，还抑制了民营企业对外直接投资规模的扩张。李磊和包群（2015）发现民营工业企业在对外直接投资的过程中，比国有工业企业更有可能从融资中获得收益。邱立成和刘奎宁（2016）研究发现相对于国有企业和出口企业，民营企业和非出口企业对外直接投资会面临更为严重的融资约束问题。第二，生产率异质性的角度。Buch 等（2014）发现相对生产率低的企业，融资约束对生产率高的企业的影响更大。蒋冠宏（2015）、刘莉亚等（2015）发现企业在全要素方面的优势可以缓解融资约束对 OFDI 的负面影响。

现有文献鲜有回答：在不同的货币政策条件下，融资约束对企业对外直接投资行为的影响是否有着不同的表现？本章将对这些问题进行深入探讨。

（二）假设提出

货币政策通过货币渠道影响企业投资的基本因素进而对企业投资产生影响，即货币政策通过调控利率对企业的投资收益率产生影响，由此改变企业的投资机会（张西征等，2012）。主要的影响路径是货币资产传导和非货币资产传导。货币资产传导通过影响折现率来影响企业的投资机会，非货币资产传导通过影响企业资产价格来影响企业的投资机会。张莹和刘波（2009）发现固定资产投资、房地产建设投资以及外商直接投资与利率水平之间存在长期稳定关系。谢军和黄志忠（2014）研究发现宽松的货币政策有利于促进企业扩张投资。在宽松的货币政策下，企业面临较多的投资机会，企业会更加倾向于进行对外直接投资。因此，提出假设 1：

H1：货币政策越宽松，企业对外直接投资的可能性越大。

宏观货币政策通过信贷渠道影响企业融资约束，进而对企业的投资决策产生影响。信贷渠道表现为银行贷款效应和企业资产负债表效应。银行贷款效应体现在，当中央银行采取紧缩的货币政策时，利率会上升，企业从银行可获得的贷款会下降，企业外部融资成本会增加。企业资产负债表效应体现在，当货币政策紧缩时，利率上升，企业的资产价值会下降，此时企业进行外部融资的道德风险和逆向选择问题会增加，企业外部融资成本会随之增加。这些变化都将加剧企业的融资约束，进而影响到企业的投资决策。相较于在国内经营的企业，企业在对外直接投资过程中将面临更加复杂的经济环境和更高的投资成本。因此，在货币政策紧缩期，企业对外直接投资受货币政策及融资约束的影响将更加明显。据此，提出假设 2：

H2：货币政策紧缩期，融资约束对企业对外直接投资的抑制作用更加明显。

三、研究设计

（一）样本选择与数据来源

本章选取了 2004—2014 年我国 A 股非金融类上市公司的财务数据，数据来源于 CSMAR 数据库。结合商务部公布的《企业对外直接投资名录》中的企业对外直接投资数据，获取初始样本。对样本进行了如下处理：①剔除金融、保险业上市公司；②剔除净资产小于 0 的观测值；③剔除相关变量存在缺失的观测值。本章的最终样本为 20530 个。

（二）研究模型与变量

参考 Buch 等（2014）的研究设计，建立如下计量模型对假设进行检验。

$$OFDI_{ijt} = \beta_0 + \beta_1 M2 + \beta_2 CF + \sum Control_{ijt} + \varepsilon \tag{1}$$

其中，*OFDI* 为企业对外直接投资的代理变量。*M2* 表示货币政策，参考靳庆鲁等（2012）的方法，本章采用年度 *M2*（广义货币供给量）的增长率来度量。*CF* 表示企业融资约束程度，参考靳庆鲁等（2012）和姜付秀等（2016）的研究，采用经营活动现金流量净值占总资产的比率来衡量，*CF* 越大，企业融资约束程度越大。同时，参考刘慧龙等（2014）、刘莉亚等（2015）、韩东平和张鹏（2015）、王碧珺等（2015）的研究方法，选取以下控制变量：企业年龄（*Age*）、资产负债率（*Lev*）、成长性（*Growth*）、盈利能力（*ROE*）、企业规模（*Size*）、资产结构（*PPE*）、企业税率水平（*Tax*）、新增投资（*Investment*）、地区开放程度（*Open*）和行业哑变量。具体变量定义参见表 7-1。

表 7-1　变量定义

变量名称	符号	变量定义
企业对外直接投资	*OFDI*	如果企业 *i* 于 *t* 年在国家 *j* 新建了一家以上的海外子企业，则因变量取值为 1，否则为 0
货币政策	*M2*	广义货币供给量 *M2* 增长率
融资约束	*CF*	经营性现金流量净额/总资产
企业年龄	*Age*	观测年份减去企业成立年份
资产负债率	*Lev*	负债总额/资产总额
成长性	*Growth*	主营业务收入/总资产
盈利能力	*ROE*	净资产收益率，等于净利润除以所有者权益
企业规模	*Size*	企业总资产取自然对数
资产结构	*PPE*	固定资产净额/总资产
企业税率水平	*Tax*	营业税金及附加/营业总收入
新增投资	*Investment*	（资本支出+并购支出-出售长期资产收入-折旧）/总资产
地区开放程度	*Open*	樊纲等（2012）提供的地区引进外资程度
行业	*Industry*	行业虚拟变量，控制与行业相关的不可观测因素

四、实证分析与结果

（一）描述性统计与相关性分析

表 7-2 是主要变量的描述性统计结果。Panel A 是全样本描述性统计，货币政策（*M2*）的均值为 0.170，最小值为 0.110，最大值为 0.280，表明在不同的年度货币政策存在较大的不同。融资约束（*CF*）的均值为 0.050，最小值为-0.050，最大值为 0.170，表明不同企业的融资约束存在较大差异。Panel B 是按货币政策不同阶段进行的分样本描述性统计。参考靳庆鲁等（2012）的方法，根据 M2 增长率由高到低依次将样本分为货币政策宽松期、货币政策适中期和货币政策紧缩期三组。结果显示，货币政策紧缩期的融资约束均值为 0.056，货币政策适中期的融资约束均值为 0.039，货币政策宽松期的融资约束均值为 0.046，表明在货币政策紧缩期，企业面临较大的融资约束。紧缩期与适中期、紧缩期与宽松期的融资约束的均值差异检验分别为 0.017 和 0.010，均在 1%的水平上显著。中位数差异检验的 Z 值分别为 179.645 和 68.426，均在 1%的水平上显著。这表明，在货币政策紧缩期企业面临较大的融资约束。

表 7-2　描述性统计结果

Panel A：全样本描述性统计

变量	样本数量	均值	标准差	最小值	中位数	最大值
OFDI	20530	0.040	0.190	0.000	0.000	1.000
M2	20530	0.170	0.040	0.110	0.170	0.280
CF	20530	0.050	0.070	-0.050	0.040	0.170
Age	20530	16.870	4.990	3.000	17.000	36.000
Lev	20530	0.470	0.200	0.170	0.480	0.770

续表

变量	样本数量	均值	标准差	最小值	中位数	最大值
Growth	20530	0.620	0.340	0.200	0.550	1.270
ROE	20530	0.570	0.320	0.140	0.530	1.150
Size	20530	21.630	1.300	10.840	21.480	28.510
PPE	20530	0.260	0.180	0.131	0.220	0.750
Tax	20530	0.045	0.030	0.010	0.050	0.140
Investment	20530	0.030	0.054	−0.078	0.008	0.234
Open	20530	3.750	2.511	−1.097	3.747	13.808

Panel B：不同货币政策阶段的分样本融资约束变量的描述性统计

变量	样本数量	均值	标准差	最小值	中位数	最大值
紧缩期（1）	6850	0.056	0.07	−0.05	0.049	0.17
适中期（2）	6836	0.039	0.06	−0.05	0.029	0.17
宽松期（3）	6844	0.046	0.06	−0.05	0.036	0.17
（1）-（2）		0.017***			179.645*** （Z值）	
（1）-（3）		0.010***			68.426*** （Z值）	

注：所有连续变量进行了1%和99%水平上的缩尾处理；***、**、*分别表示在1%、5%和10%水平上显著。

表7-3是主要变量的Pearson相关系数矩阵。其中，货币政策（*M2*）和企业对外直接投资（*OFDI*）在5%的水平上显著正相关，表明在不考虑其他因素的情况下，货币政策越宽松，企业对外直接投资的可能性越大，初步验证了假设1。货币政策（*M2*）和融资约束（*CF*）在1%的水平上显著负相关，表明货币政策越宽松，企业面临的融资约束越小。同时，解释变量和控制变量之间不存在高度的相关关系。计算自变量的方差膨胀因子（VIF）为1.28，表明本章中采用的变量间不存在严重的多重共线性问题。

表 7-3　Pearson 相关性分析

	OFDI	*M2*	*CF*	*Age*	*Lev*	*Growth*	*ROE*	*Size*	*PPE*	*Tax*	*Investment*	*Open*
OFDI	1											
M2	0.018**	1										
CF	−0.010	−0.025***	1									
Age	0.024***	0.091***	0.001	1								
Lev	0.038***	0.114***	−0.122***	0.311***	1							
Growth	0.045***	0.024***	0.115***	−0.003	0.131***	1						
ROE	−0.021***	−0.254***	0.304***	−0.172***	−0.539***	−0.050***	1					
Size	0.045***	0.047***	−0.009	−0.001	0.308***	0.084***	−0.359***	1				
PPE	0.034***	0.059***	0.232***	0.074***	0.124***	0.029***	−0.027***	0.096***	1			
Tax	−0.047***	0.027***	−0.036***	0.180***	0.105***	−0.306***	−0.080***	0.120***	−0.210***	1		
Investment	−0.021***	−0.064***	0.036***	−0.244***	−0.168***	−0.065***	0.029***	0.085***	−0.042***	−0.087***	1	
Open	−0.006	−0.028***	−0.022***	−0.009	−0.059***	0.047***	0.011	0.056***	−0.147***	0.020***	0.012*	1

注：所有连续变量进行了 1%和 99%水平上的缩尾处理；***、**、* 分别表示在 1%、5%和 10%水平上显著。

（二）回归分析结果

1. 假设1的回归分析结果

表7-4是假设1的回归分析结果。第（1）列是仅包含了货币政策与控制变量的回归结果，第（2）列是融资约束（*CF*）与控制变量的回归结果，第（3）列是包含所有解释变量与控制变量的回归结果，第（4）列是包含所有解释变量与控制变量及行业固定效应的回归结果。从回归结果可见，货币政策（*M2*）的系数分别为1.551、1.625、1.578，均在10%的水平上显著，表明*M2*增长率越高，企业对外直接投资的可能性越大，即货币政策越宽松，企业对外直接投资的可能性越大，验证了假设1。融资约束（*CF*）的回归系数分别为-1.697、-1.730、-1.650，均在1%的水平上显著，表明融资约束会抑制企业对外直接投资的可能性。在控制变量方面，*Age*、*Lev*、*Growth*、*Size*的回归系数显著为正，即企业年龄越大、资产负债率越高、成长性越好、企业规模越大，企业对外直接投资的可能性越大。*Tax*的系数显著为负，表明企业税率水平越高，企业对外直接投资的可能性越小。

表7-4 基本回归分析结果

变量	*OFDI*	*OFDI*	*OFDI*	*OFDI*
	(1)	(2)	(3)	(4)
M2	1.551*		1.625*	1.578*
	(1.820)		(1.901)	(1.840)
CF		-1.697***	-1.730***	-1.650***
		(-2.706)	(-2.759)	(-2.596)
Age	0.029***	0.030***	0.030***	0.031***
	(3.553)	(3.749)	(3.688)	(3.734)
Lev	0.562**	0.524**	0.540**	0.487*
	(2.287)	(2.132)	(2.197)	(1.903)
Growth	0.316***	0.365***	0.362***	0.425***
	(2.771)	(3.174)	(3.145)	(3.428)

续表

变量	OFDI	OFDI	OFDI	OFDI
	(1)	(2)	(3)	(4)
ROE	0. 182	0. 246*	0. 309**	0. 311**
	(1. 258)	(1. 665)	(2. 045)	(2. 022)
Size	0. 178***	0. 184***	0. 186***	0. 166***
	(5. 843)	(5. 997)	(6. 066)	(5. 181)
PPE	0. 365*	0. 544**	0. 524**	0. 318
	(1. 701)	(2. 457)	(2. 361)	(1. 315)
Tax	-15. 976***	-15. 523***	-15. 531***	-13. 737***
	(-6. 182)	(-6. 025)	(-6. 038)	(-4. 727)
Investment	-0. 083	-0. 089	-0. 070	-0. 049
	(-0. 412)	(-0. 430)	(-0. 332)	(-0. 229)
Open	-0. 010	-0. 011	-0. 010	-0. 015
	(-0. 577)	(-0. 624)	(-0. 594)	(-0. 869)
Constant	-8. 321***	-8. 242***	-8. 597***	-8. 124***
	(-11. 549)	(-11. 688)	(-11. 779)	(-7. 948)
Industry	No	No	No	Yes
Pseudo R^2	0. 025	0. 025	0. 026	0. 029
Obs	20530	20530	20530	20530

注：所有连续变量进行了1%和99%水平上的缩尾处理；括号内的数值为t值；***、**、*分别表示在1%、5%和10%水平上显著。

2. 假设2的回归分析结果

根据假设2，在货币政策不同阶段，融资约束对企业对外直接投资的抑制作用会存在差异。在货币政策紧缩期，融资约束对企业对外直接投资的抑制作用可能更加明显。表7-5显示，在货币政策紧缩期，融资约束（*CF*）的系数为-5.020，在1%的水平上显著为负，而在货币政策适中期和宽松期，融资约束（*CF*）的回归系数均不显著。以上结果表明，在货币政策紧缩期，融资约束对企业对外直接投资的抑制作用更加明显，支持了研究假设2。

表 7-5 区分货币政策区间的分样本回归分析结果

变量	*OFDI*	*OFDI*	*OFDI*
	紧缩期	适中期	宽松期
CF	-5.020***	0.502	-0.751
	(-4.399)	(0.483)	(-0.641)
Age	0.067***	0.023*	-0.001
	(4.137)	(1.743)	(-0.036)
Lev	1.195**	1.114***	-0.752*
	(2.458)	(2.754)	(-1.660)
Growth	0.775***	0.137	0.349
	(3.109)	(0.692)	(1.642)
ROE	1.173***	0.607**	-0.298
	(4.089)	(2.455)	(-0.980)
Size	0.243***	0.135***	0.199***
	(3.670)	(2.695)	(3.590)
PPE	-0.204	1.155***	-0.621
	(-0.402)	(3.151)	(-1.468)
Tax	-27.785***	-11.651***	-11.020**
	(-3.227)	(-2.708)	(-2.534)
Investment	-0.493	0.131	0.019
	(-0.983)	(0.134)	(0.050)
Open	-0.030	0.081***	-0.116***
	(-0.830)	(3.017)	(-3.544)
Constant	-9.571***	-7.631***	-6.738***
	(-5.865)	(-6.316)	(-5.006)
Industry	Yes	Yes	Yes
Pseudo R^2	0.073	0.031	0.026
Obs	6850	6836	6844

注：所有连续变量进行了1%和99%水平上的缩尾处理；括号内的数值为t值；***、**、*分别表示在1%、5%和10%水平上显著。

五、进一步研究

宏观货币政策传导过程会受其他因素的影响，诸如宏观环境因素及企业异质性。宏观经济不确定性会加剧企业融资约束（王竹泉等，2015）。Love 和 Zicchino（2006）、Gorodnichenko 和 Schnitzer（2013）发现金融发展可以拓宽企业融资渠道，降低交易成本和提高资源配置效率，从而降低企业的融资约束。高的金融业市场化程度可以强化货币政策对融资约束的缓解效应（谢军和黄志忠，2014）。Antras（2003）认为资本密集度高的企业对外直接投资的可能性更大。为进一步考察货币政策、融资约束与企业对外直接投资之间的关系，本章从金融危机前后、地区市场化程度和企业资本密集度等角度出发，进一步进行分组检验。

（一）区分金融危机前后

根据 2008 年金融危机爆发时点将全样本分为金融危机前组和金融危机后组。表 7-6 报告了金融危机前后，在不同的货币政策时期融资约束对企业对外直接投资的影响。结果显示，金融危机前，在货币政策紧缩期，融资约束（*CF*）的回归系数为-3.156，在 5%的水平上显著。金融危机后，在货币政策紧缩期，融资约束（*CF*）的回归系数为-8.097，在 1%的水平上显著。结果表明，无论是在金融危机前还是金融危机后，融资约束（*CF*）对企业对外直接投资的抑制作用在货币政策紧缩期更为显著。进一步地，相比金融危机前，融资约束（*CF*）对企业对外直接投资的抑制作用在金融危机后更为显著。

表 7-6　区分金融危机前后的回归结果

变量	金融危机前			金融危机后		
	OFDI	*OFDI*	*OFDI*	*OFDI*	*OFDI*	*OFDI*
	紧缩期	适中期	宽松期	紧缩期	适中期	宽松期
CF	-3.156**	-1.205	-1.529	-8.097***	2.711	-0.602
	(-2.064)	(-0.913)	(-0.943)	(-4.563)	(1.541)	(-0.340)
Age	0.014	-0.033	-0.066**	0.082***	0.048***	0.019
	(0.445)	(-1.394)	(-2.272)	(3.958)	(2.682)	(1.040)
Lev	0.040	0.831	-1.654**	0.971	0.703	-0.473
	(0.051)	(1.353)	(-2.120)	(1.359)	(1.220)	(-0.780)
Growth	0.358	0.210	0.959***	1.030***	-0.119	-0.125
	(0.910)	(0.734)	(2.838)	(3.120)	(-0.414)	(-0.450)
ROE	0.732*	0.799**	-0.717	0.921**	-0.251	-0.493
	(1.720)	(2.455)	(-1.549)	(2.009)	(-0.576)	(-0.967)
Size	0.105	0.141*	0.111	0.349***	0.121*	0.250***
	(0.913)	(1.708)	(1.161)	(3.979)	(1.771)	(3.443)
PPE	-0.542	-0.113	0.750	-0.386	2.091***	-1.672***
	(-0.714)	(-0.203)	(1.135)	(-0.529)	(4.029)	(-2.933)
Tax	-21.841*	-21.456**	-6.516	-38.034***	-12.080**	-13.453**
	(-1.894)	(-2.543)	(-0.875)	(-2.928)	(-2.109)	(-2.357)
Investment	0.058	-2.127	-0.606	-0.459	1.241	0.056
	(0.030)	(-0.946)	(-0.564)	(-0.801)	(0.974)	(0.129)
Open	0.020	0.067*	-0.021	-0.059	0.103***	-0.184***
	(0.356)	(1.682)	(-0.440)	(-1.225)	(2.774)	(-3.999)
Constant	-6.387**	-6.500***	-3.927*	-11.161***	-6.938***	-7.727***
	(-2.465)	(-3.495)	(-1.829)	(-5.310)	(-4.093)	(-4.186)
Industry	Yes	Yes	Yes	Yes	Yes	Yes
Pseudo R^2	0.041	0.034	0.046	0.098	0.056	0.045
Obs	2241	3330	3277	4609	3506	3567

注：所有连续变量进行了1%和99%水平上的缩尾处理；括号内的数值为t值；***、**、*分别表示在1%、5%和10%水平上显著。

（二）区分市场化程度

根据樊纲等（2011）提供的市场化程度的中位数将全样本区分为市场化程度高组和市场化程度低组。表 7-7 报告了考虑市场化程度高低在不同货币政策时期融资约束对企业对外直接投资的影响。结果显示，处于市场化程度低区域的企业，在货币政策紧缩期，融资约束（*CF*）的回归系数为-4.040，在 5%的水平上显著；在货币政策适中期，融资约束（*CF*）的回归系数为-3.002，在 10%的水平上显著。处于市场化程度高区域的企业，在货币政策紧缩期，融资约束（*CF*）的回归系数为-5.281，在 1%的水平上显著。结果表明，无论市场化程度高低，融资约束（*CF*）对企业对外直接投资的抑制作用在货币政策紧缩期均更为显著。进一步地，处于市场化程度低区域的企业，其对外直接投资受融资约束影响更大，在货币政策适中期，融资约束（*CF*）对企业对外直接投资的抑制作用仍然显著。

表 7-7　区分市场化程度的回归结果

变量	市场化程度低			市场化程度高		
	OFDI	*OFDI*	*OFDI*	*OFDI*	*OFDI*	*OFDI*
	紧缩期	适中期	宽松期	紧缩期	适中期	宽松期
CF	-4.040**	-3.002*	-1.265	-5.281***	-0.098	0.490
	(-2.565)	(-1.960)	(-0.765)	(-2.974)	(-1.616)	(0.288)
Age	0.066***	0.044**	0.018	0.063***	-0.014	-0.029
	(2.597)	(2.203)	(0.824)	(2.760)	(-0.704)	(-1.307)
Lev	-0.417	-0.480	-2.149***	2.179***	2.396***	0.682
	(-0.641)	(-0.881)	(-3.546)	(2.799)	(3.717)	(0.905)
Growth	0.235	-0.566**	-0.699**	1.223***	0.908***	1.961***
	(0.650)	(-1.965)	(-2.349)	(3.337)	(3.039)	(5.564)
ROE	1.496***	0.756**	-0.345	0.753*	0.572	-0.171
	(3.756)	(2.227)	(-0.892)	(1.726)	(1.552)	(-0.331)
Size	0.272*	0.272**	0.340***	0.358**	-0.015	0.098
	(1.729)	(2.469)	(2.860)	(2.340)	(-0.128)	(0.768)

续表

变量	市场化程度低			市场化程度高		
	OFDI	*OFDI*	*OFDI*	*OFDI*	*OFDI*	*OFDI*
	紧缩期	适中期	宽松期	紧缩期	适中期	宽松期
PPE	0.179	1.368***	-0.581	0.215	1.114*	-0.131
	(0.260)	(2.654)	(-1.022)	(0.254)	(1.825)	(-0.183)
Tax	-92.461***	-17.136**	-42.856***	-14.750	-6.087	6.614
	(-3.875)	(-2.442)	(-3.246)	(-1.623)	(-1.045)	(1.244)
Investment	-0.160*	0.003	-0.100	-0.006	0.002	0.003
	(-1.718)	(0.043)	(-1.423)	(-0.055)	(0.026)	(0.031)
Open	-0.095	0.073*	-0.127**	0.164***	0.228***	0.033
	(-1.569)	(1.908)	(-2.367)	(2.663)	(4.499)	(0.493)
Constant	-5.528**	-11.457***	-7.685***	-13.514***	-5.537***	-7.024***
	(-2.205)	(-5.611)	(-3.569)	(-5.626)	(-2.916)	(-3.471)
Industry	Yes	Yes	Yes	Yes	Yes	Yes
Pseudo R^2	0.091	0.064	0.077	0.122	0.078	0.071
Obs	3259	3717	3018	3591	3119	3826

注：所有连续变量进行了1%和99%水平上的缩尾处理；括号内的数值为t值；***、**、*分别表示在1%、5%和10%水平上显著。

（三）区分资本密集度

根据企业资本密集度的中位数将全样本分为资本密集度高组和资本密集度低组。表7-8报告了考虑企业资本密集度的异质性差异，在不同货币政策时期融资约束对企业对外直接投资的影响。结果显示，在资本密集度低组，在货币政策紧缩期，融资约束（*CF*）的回归系数为-3.755，在5%的水平上显著。在资本密集度高组，在货币政策紧缩期，融资约束（*CF*）的回归系数为-5.916，在1%的水平上显著。结果表明，无论资本密集度高低，融资约束（*CF*）对企业对外直接投资的抑制作用在货币政策紧缩期均更为显著。由于资本密集度高的企业对资本的依赖程度大，因此，在资本密集度高组，企业对外直接投资受融资约束的影响更大。

表 7-8 区分资本密集度的回归结果

变量	资本密集度低			资本密集度高		
	OFDI	*OFDI*	*OFDI*	*OFDI*	*OFDI*	*OFDI*
	紧缩期	适中期	宽松期	紧缩期	适中期	宽松期
CF	-3.755**	1.858	-0.388	-5.916***	-0.406	-2.186
	(-2.294)	(1.318)	(-0.231)	(-3.660)	(-0.261)	(-1.309)
Age	0.075***	0.013	-0.015	0.061***	0.035*	0.001
	(3.043)	(0.635)	(-0.632)	(2.641)	(1.895)	(0.027)
Lev	1.469*	1.371**	-0.087	0.707	0.846	-1.281**
	(1.928)	(2.351)	(-0.124)	(1.047)	(1.471)	(-2.145)
Growth	1.344***	0.581*	1.423***	0.327	-0.066	-0.404
	(3.371)	(1.917)	(4.209)	(0.957)	(-0.241)	(-1.370)
ROE	2.349***	1.051***	-0.463	0.727*	0.185	-0.052
	(4.771)	(3.057)	(-1.000)	(1.897)	(0.498)	(-0.124)
Size	1.104***	0.247*	0.410***	-0.027	0.062	0.220***
	(5.461)	(1.845)	(2.603)	(-0.253)	(0.883)	(2.714)
PPE	1.355	0.036	-1.167	-0.485	1.666***	-0.333
	(0.999)	(0.038)	(-1.037)	(-0.690)	(3.382)	(-0.628)
Tax	-18.797*	-11.680**	-26.859***	-52.648***	-14.006*	-4.250
	(-1.898)	(-2.025)	(-2.899)	(-3.001)	(-1.792)	(-0.869)
Investment	-1.030	0.424	0.004	-2.111	-0.561	0.705
	(-1.485)	(0.247)	(0.011)	(-1.158)	(-0.398)	(0.481)
Open	-0.086	0.049	-0.112**	-0.009	0.109***	-0.118***
	(-1.373)	(1.069)	(-2.088)	(-0.209)	(3.227)	(-2.783)
Constant	-31.752***	-9.896***	-11.227***	-0.798	-4.972***	-6.684***
	(-6.755)	(-3.258)	(-3.178)	(-0.319)	(-2.833)	(-3.284)
Industry	Yes	Yes	Yes	Yes	Yes	Yes
Pseudo R^2	0.137	0.046	0.095	0.066	0.043	0.022
Obs	3426	3809	3728	3424	3027	3116

注：所有连续变量进行了1%和99%水平上的缩尾处理；括号内的数值为t值；***、**、*分别表示在1%、5%和10%水平上显著。

（四）区分制造业企业

根据证监会《上市公司行业分类指引》（2012 年修订版），按企业所在行业将全样本分为制造业组和非制造业组。表 7-9 报告了不同行业类型在不同货币政策时期融资约束对企业对外直接投资的影响。结果显示，在制造业组中，处于货币政策紧缩期时，融资约束（*CF*）的回归系数为-6.644，在 1%的水平上显著。在货币政策宽松期，融资约束（*CF*）的回归系数为-3.826，在 1%的水平上显著。在非制造业组中，无论是在货币政策紧缩期还是在货币政策宽松期，融资约束（*CF*）的回归系数在统计上均不显著。以上结果表明，相对于非制造业企业，制造业企业对外直接投资受融资约束的抑制作用更大，且对货币政策变动的影响更加敏感。这是由于相对于非制造业对外直接投资企业，制造业对外直接投资企业的固定投资成本和可变投资成本更大，对资本的依赖性更高。因此，当货币政策发生变动时，制造业企业受融资约束的抑制作用更加显著。

表 7-9　区分制造业企业的回归结果

变量	制造业组			非制造业组		
	OFDI	*OFDI*	*OFDI*	*OFDI*	*OFDI*	*OFDI*
	紧缩期	适中期	宽松期	紧缩期	适中期	宽松期
CF	-6.644***	-0.639	-3.826***	-2.152	2.368	-0.085
	(-4.947)	(-0.505)	(-2.822)	(-0.904)	(1.264)	(-0.046)
Age	0.045**	0.057***	0.031*	0.075*	-0.064**	-0.097***
	(2.186)	(3.675)	(1.858)	(1.953)	(-2.130)	(-3.609)
Lev	-0.105	0.087	-1.964***	2.198*	1.676*	2.570***
	(-0.178)	(0.183)	(-3.825)	(1.930)	(1.677)	(2.747)
Growth	0.932***	0.331	0.627***	-0.087	-0.313	0.124
	(3.086)	(1.443)	(2.702)	(-0.182)	(-0.659)	(0.316)
ROE	1.880***	0.504*	-0.206	-0.057	-0.594	0.020
	(5.151)	(1.737)	(-0.620)	(-0.097)	(-0.904)	(0.032)

续表

变量	制造业组			非制造业组		
	OFDI	*OFDI*	*OFDI*	*OFDI*	*OFDI*	*OFDI*
	紧缩期	适中期	宽松期	紧缩期	适中期	宽松期
Size	0. 384***	0. 128*	0. 195***	0. 307**	0. 137	0. 225**
	(4. 388)	(1. 954)	(2. 851)	(2. 425)	(1. 317)	(2. 568)
PPE	0. 328	0. 707	-0. 302	-0. 416	3. 190***	-0. 319
	(0. 513)	(1. 510)	(-0. 603)	(-0. 476)	(4. 245)	(-0. 478)
Tax	-57. 375**	-24. 921***	-9. 760*	-28. 376***	-4. 220	-12. 872**
	(-2. 575)	(-2. 738)	(-1. 844)	(-2. 729)	(-0. 563)	(-2. 058)
Investment	-4. 809***	0. 608	-0. 150	0. 808	-0. 308	2. 426
	(-2. 599)	(0. 455)	(-0. 556)	(0. 343)	(-0. 212)	(1. 199)
Open	-0. 164***	-0. 057	-0. 158***	0. 197***	0. 162***	0. 118**
	(-3. 431)	(-1. 615)	(-4. 116)	(3. 076)	(2. 982)	(2. 093)
Constant	-13. 253***	-7. 032***	-6. 336***	-14. 128***	-7. 681***	-8. 936***
	(-6. 734)	(-4. 773)	(-4. 097)	(-4. 765)	(-2. 996)	(-4. 264)
Industry	Yes	Yes	Yes	Yes	Yes	Yes
Pseudo R^2	0. 098	0. 020	0. 033	0. 157	0. 130	0. 090
Obs	4419	4236	4205	2113	2804	2753

注：所有连续变量进行了1%和99%水平上的缩尾处理；括号内的数值为t值；***、**、*分别表示在1%、5%和10%水平上显著。

（五）区分银企关联

根据企业是否存在银企关联将全样本分为银企关联组和非银企关联组。参考Houston和James（1996）的方法，当企业存在长期银行贷款时，则认为该企业存在银企关系。表7-10报告了考虑银企关联后，在不同货币政策时期融资约束对企业对外直接投资的影响。结果显示，在银企关联组中，处于货币政策紧缩期时，融资约束（*CF*）的回归系数为-3. 805，在5%的水平上显著。在非银企关联组中，处于货币政策紧缩期时，融资约束（*CF*）的回归系数为-4. 524，在1%的水平上显著。结果表明，在货币政策紧缩期，相对于有银企关联的企业，融资约束（*CF*）对无银企关联企业对外直接投资的抑制作用更为显著。这是由于银企关联可以缓解企业融资约束，当企业与银行建立长期合作关系时，企业可以从银行获得贷款的可能性提高，企业面临的融资约束水平下降。因此，在货币政策紧缩期，融资约束对企业对外直接投资的抑制作用在非银企关联组中更为显著。

表 7-10　区分银企关联的回归结果

变量	银企关联组			非银企关联组		
	OFDI	*OFDI*	*OFDI*	*OFDI*	*OFDI*	*OFDI*
	紧缩期	适中期	宽松期	紧缩期	适中期	宽松期
CF	-3.805**	0.651	-1.391	-4.524***	1.720	-0.304
	(-2.565)	(0.507)	(-0.933)	(-2.790)	(1.054)	(-0.179)
Age	0.037*	0.010	-0.032*	0.094***	0.031	0.025
	(1.725)	(0.572)	(-1.687)	(3.964)	(1.390)	(1.139)
Lev	2.090***	1.698***	-0.609	0.005	-0.056	-1.407**
	(2.946)	(3.076)	(-0.977)	(0.007)	(-0.087)	(-2.065)
Growth	-0.033	0.127	-0.060	1.455***	0.251	1.153***
	(-0.104)	(0.516)	(-0.211)	(3.928)	(0.762)	(3.508)
ROE	0.924***	0.341	-0.273	1.349***	0.929**	-0.137
	(2.625)	(1.116)	(-0.713)	(2.909)	(2.297)	(-0.312)
Size	0.220***	0.085	0.129*	0.318**	0.060	0.328***
	(2.746)	(1.422)	(1.833)	(2.361)	(0.489)	(2.863)
PPE	0.568	1.107**	-0.057	-0.025	0.655	-0.822
	(0.948)	(2.567)	(-0.113)	(-0.030)	(0.924)	(-1.067)
Tax	-29.073***	-9.003*	-5.385	-43.352**	-52.065***	-27.811**
	(-3.414)	(-1.919)	(-1.052)	(-2.431)	(-2.774)	(-2.305)
Investment	-1.649	1.503	1.269	-0.435	-1.639*	-0.067
	(-0.909)	(1.257)	(0.921)	(-0.719)	(-1.857)	(-0.251)
Open	0.077*	0.153***	-0.071*	-0.219***	-0.087	-0.165***
	(1.842)	(4.995)	(-1.844)	(-3.474)	(-1.638)	(-3.083)
Constant	-10.541***	-6.816***	-4.754***	-10.910***	-6.158**	-9.402***
	(-5.598)	(-4.645)	(-2.768)	(-3.537)	(-2.167)	(-3.741)

续表

变量	银企关联组			非银企关联组		
	OFDI	*OFDI*	*OFDI*	*OFDI*	*OFDI*	*OFDI*
	紧缩期	适中期	宽松期	紧缩期	适中期	宽松期
Industry	Yes	Yes	Yes	Yes	Yes	Yes
Pseudo R^2	0.053	0.043	0.021	0.119	0.066	0.055
Obs	3505	3870	3889	3176	2985	3105

注：所有连续变量进行了1%和99%水平上的缩尾处理；括号内的数值为t值；***、**、*分别表示在1%、5%和10%水平上显著。

六、稳健性检验

（一）货币政策指标的稳健性检验

货币政策是本章的关键解释变量，为检验货币政策衡量方式的可靠性，参考饶品贵和姜国华（2011，2013a，2013b）的研究，将样本期间内的2004年、2006年、2007年、2010年、2011年定义为货币政策紧缩期，其余年份定义为货币政策宽松期。表7-11是改变货币政策度量方式的稳健性检验结果。结果表明，在货币政策紧缩期，融资约束（*CF*）的回归系数为-2.604，在1%的水平上显著为负，而在货币政策宽松期，融资约束（*CF*）的系数为负但不显著。这说明融资约束（*CF*）对企业对外直接投资的抑制作用在货币政策紧缩期更强，进一步支持了本章的研究结论。

表7-11 改变货币政策度量方式的稳健性检验结果

变量	*OFDI*	*OFDI*
	紧缩期	宽松期
CF	-2.604***	-0.684
	(-2.904)	(-0.757)
Age	0.017	0.039***
	(1.287)	(3.609)

续表

变量	*OFDI*	*OFDI*
	紧缩期	宽松期
Lev	0.221	0.576*
	(0.565)	(1.681)
Growth	0.483***	0.364**
	(2.577)	(2.181)
ROE	0.302	0.121
	(1.403)	(0.560)
Size	0.137***	0.186***
	(2.732)	(4.394)
PPE	0.665*	0.085
	(1.849)	(0.261)
Tax	-13.223***	-14.863***
	(-2.998)	(-3.737)
Investment	-0.771	-0.001
	(-1.101)	(0.001)
Open	0.014	-0.040*
	(0.516)	(-1.647)
Constant	-6.990***	-7.738***
	(-5.952)	(-6.536)
Industry	Yes	Yes
Pseudo R^2	0.023	0.030
Obs	9422	11108

注：所有连续变量进行了1%和99%水平上的缩尾处理；括号内的数值为t值；***、**、*分别表示在1%、5%和10%水平上显著。

（二）融资约束指标的稳健性检验

本章参考Fazzari等（1987）的研究方法，采用投资—现金流敏感性作为企业融资能力的度量指标，该指标越大，说明企业面临的融资约束越大。为了验证结果的稳健性，我们采用替代指标度量融资约束。借鉴已有研究（靳庆鲁等，2012；刘行等，2014；王碧珺等，2015），我们选取了现金比率、资产负债率、企业年龄和盈利能力 4 个指标来刻画企业面临的融资约束程度。一般而言，现金比率越高，企业面临的融资约束越大，因为当企业可以较容易地获得外部融资时，企业会减少现金持有水平，当企业面临较大的融资约束时，企业会倾向持有较多的现金；资产负债率高表明企业更容易从银行获得融资，从而融资约束小；企业年龄越长，信用积累越丰富，与资金提供者的合作关系更为稳定，企业的融资能力更强，融资约束更小；盈利能力越强表明企业的偿债能力越好，偿债能力强的企业容易获得外部资金支持，因此盈利能力越高，企业面临的融资约束越小。

表 7-12 的 Panel A 至 Panel D 分别报告了采用四种融资约束替代指标的回归结果。结果显示，在货币政策紧缩期，现金比率（*Cash*）的回归系数为 -1. 768，在 10%的水平上显著为负，资产负债率、企业年龄和盈利能力的回归系数分别为 1. 255、0. 068 和 0. 771，均在 5%或 1%的水平上显著为正。这表明融资约束对企业对外直接投资的影响主要发生在货币政策紧缩期，以上实证结果证明了本章研究结论的稳健性。

表 7-12　替换融资约束指标的回归结果

Panel A：采用现金比率度量企业的融资约束程度			
变量	*OFDI*	*OFDI*	*OFDI*
	紧缩期	适中期	宽松期
Cash	-1. 768 *	-1. 325	-0. 423
	(-1. 779)	(-1. 481)	(-0. 431)
其他控制变量	Yes	Yes	Yes
Pseudo R^2	0. 063	0. 032	0. 025
Obs	6850	6836	6844
Panel B：采用资产负债率度量企业的融资约束程度			
变量	*OFDI*	*OFDI*	*OFDI*
	紧缩期	适中期	宽松期
Lev	1. 255 **	1. 110 ***	-0. 741
	(-2. 565)	(-2. 745)	(-1. 639)

续表

其他控制变量	Yes	Yes	Yes
Pseudo R^2	0.062	0.031	0.026
Obs	6850	6836	6844
Panel C：采用企业年龄度量企业的融资约束程度			
变量	*OFDI*	*OFDI*	*OFDI*
	紧缩期	适中期	宽松期
Age	0.068***	0.024*	-0.001
	(-4.163)	(-1.798)	(-0.067)
其他控制变量	Yes	Yes	Yes
Pseudo R^2	0.062	0.031	0.026
Obs	6850	6836	6844
Panel D：采用盈利能力度量企业的融资约束程度			
变量	*OFDI*	*OFDI*	*OFDI*
	紧缩期	适中期	宽松期
ROE	0.771***	0.641***	-0.351
	(-2.809)	(-2.712)	(-1.196)
其他控制变量	Yes	Yes	Yes
Pseudo R^2	0.062	0.031	0.026
Obs	6850	6836	6844

注：所有连续变量进行了1%和99%水平上的缩尾处理；括号内的数值为t值；***、**、*分别表示在1%、5%和10%水平上显著。

七、研究结论

本章采用A股非金融类上市公司数据，运用Logit模型实证检验不同货币政策下融资约束对OFDI的影响。本章的研究发现：广义货币供应量（M2）增长率与企业对外直接投资显著正相关，说明货币政策越宽松，企业对外直接投资可能性越大。融资约束对企业对外直接投资的抑制作用在货币政策紧缩期更加显著。进一步研究发现，在金融危机后，企业对外直接投资受融资约束的抑制作用影响更大。当企业所处地区的市场化程度越低、企业的资本密集度越高、企业所处行业为制造业、企业无银企关联时，融资约束对企业对外直接投资的抑制作用越大。

本章的研究发现对于微观企业实践与宏观政府决策具有重要的现实启示。第一，宏观经济环境及宏观经济政策会影响企业的融资环境，进而影响企业的投资行为。企业在进行对外直接投资决策时不仅应考虑东道国环境及企业自身财务等因素，还应考虑母国宏观经济环境及货币政策等因素的影响。第二，融资约束会对企业"走出去"产生重要的影响。政府应充分发挥母国宏观经济政策的调节作用，营造良好的金融生态环境，完善资本市场体系，为企业"走出去"提供配套的资金支持，推动"一带一路"倡议的实施。

参考文献

1. Allen F, Qian J, Qian M. Law, finance, and economic growth in China [J]. Journal of Financial Economics, 2005, 77 (1): 57-116.

2. Antras P. Firms, contracts, and trade structure [J]. The Quarterly Journal of Economics, 2003, 118 (4): 1375-1418.

3. Bernanke B S, Blinder A S. Credit, money, and aggregate demand [J]. The American Economic Review, 1988, 78 (2): 435-439.

4. Bernanke B, Blinder A S. The federal funds rate and the transmission of monetary policy [J]. American Economic Review, 1992, 82 (4): 901-921.

5. Bernanke B, Gertler M. Agency Costs, Net Worth and Business Fluctuations [J]. American Economic Review, 1989, 79 (1): 14-31.

6. Buch C M, Kesternich I, Lipponer A, Schnitzer M. Financial constraints and foreign direct investment: firm-level evidence [J]. Review of World Economics, 2014, 150 (2): 393-420.

7. Buch C M, Kesternich I, Lipponer A. Financial constraints and the margins of FDI [J]. Social Science Electronic Publishing, 2009, 150 (2): 393-420.

8. Claessens S, Tzioumis K. Measuring firms' access to finance [R]. World Bank, 2006: 1-25.

9. Delis M D, Hasan I, Mylonidis N. The risk-taking channel of monetary policy in the USA: Evidence from micro-level data [J]. Available at SSRN 2013787, 2012.

10. Fazzari S, Hubbard R G, Petersen B C. Financing constraints and corporate investment [R]. NBER Working Paper, 1987.

11. Gaiotti E, Generale A. Does monetary policy have asymmetric effects? A look at the investment decisions of Italian firms [J]. Giornale Degli Economisti E Annali Di Economia, 2002: 29-59.

12. Gertler M. Financial capacity and output fluctuations in an economy with multi-period financial relationships [J]. The Review of Economic Studies, 1992, 59 (3): 455-472.

13. Gorodnichenko Y, Schnitzer M. Financial constraints and innovation: Why poor countries don't catch up [J]. Journal of the European Economic Association, 2013, 11 (5): 1115-1152.

14. Greenwald B, Stiglitz J, Weiss A. Information imperfections in the capital market and macroeconomic fluctuations [J]. American Economic Review, 1984, 74 (2): 194-199.

15. Hicks, John R. Mr. Keynes and the Classics: a suggested interpretation [J]. Journal of the Econometric Society, 1937: 147-159.

16. Houston J, James C. Bank information monopolies and the mix of private and public debt claims [J]. The Journal of Finance, 1996, 51 (5): 1863-1889.

17. Hubbard, R. Glenn. Capital - Market imperfections and investment [J].

NBER Working Paper，1997，36（36）：193-225.

18. Kaoru H，Daisuke Miyakawa. Business cycles，monetary policy，and bank lending：identifying the bank balance sheet channel with firm-bank match-level loan data ［R］. Working Paper. No. 14026，2014.

19. Karapetyan，Artashes. The risk-taking channel of monetary policy in Norway ［R］. Working Paper，2016.

20. Kashyap A K，Stein J C，Wilcox D W. Monetary policy and credit conditions：Evidence from the composition of external finance ［R］. NBER Working Paper，1992.

21. Love I，Zicchino L. Financial development and dynamic investment behavior：Evidence from panel VAR ［J］. The Quarterly Review of Economics and Finance，2006，46（2）：190-210.

22. Masuda K. Fixed investment，liquidity constraint，and monetary policy：Evidence from Japanese manufacturing firm panel data ［J］. Japan and the World Economy，2015，33：11-19.

23. Modigliani F，Miller M H. The cost of capital，corporation finance and the theory of investment ［J］. The American Economic Review，1958，48（3）：261-297.

24. Myers S C，Majluf N S. Corporate financing and investment decisions when firms have information that investors do not have ［J］. Journal of Financial Economics，1984，13（2）：187-221.

25. Rajan R，Zingales L. Financial dependence and growth，American Economic Review ［J］. Amercian Economic Review，1998，88（3）：559-586.

26. Sangalli I. Inventory investment and financial constraints in the Italian manufacturing industry：A panel data GMM approach ［J］. Research in Economics，2013，67（2）：157-178.

27. Stiglitz J E, Weiss A. Credit rationing in markets with imperfect information [J]. The American Economic Review, 1981, 71 (3): 393-410.

28. Voutsinas K, Werner R A. Credit supply and corporate capital structure: Evidence from Japan [J]. International Review of Financial Analysis, 2011, 20 (5): 320-334.

29. 陈恩，陈博. 中国对发展中国家直接投资区位选择及影响因素 [J]. 国际经济合作，2015 (8): 14-20.

30. 陈胤默，孙乾坤，张晓瑜. 孔子学院促进中国企业对外直接投资吗——基于“一带一路”沿线国家面板数据的分析 [J]. 国际贸易问题，2017 (8): 84-95.

31. 陈兆源，田野，韩冬临. 双边投资协定中争端解决机制的形式选择——基于1982—2013年中国签订双边投资协定的定量研究 [J]. 世界经济与政治，2015 (3): 122-148, 160.

32. 杜建华. 银行业竞争与货币政策调控效果——一个自然实验框架下的分析 [J]. 金融论坛，2013, 18 (7): 62-69.

33. 樊纲，王小鲁，朱恒鹏. 中国市场化指数：各地区市场化相对进程2011年报告 [M]. 北京：经济科学出版社，2011.

34. 韩东平，张鹏. 货币政策、融资约束与投资效率——来自中国民营上市公司的经验证据 [J]. 南开管理评论，2015, 18 (4): 121-129, 150.

35. 姜亚鹏，姜玉梅，王飞. 国有企业主导中国对外直接投资的成因分析 [J]. 财经科学，2014 (7): 92-101.

36. 蒋冠宏. 企业异质性和对外直接投资——基于中国企业的检验证据 [J]. 金融研究，2015 (12): 81-96.

37. 金鹏辉，张翔，高峰. 货币政策对银行风险承担的影响——基于银行业整体的研究 [J]. 金融研究，2014 (2): 16-29.

38. 靳庆鲁，孔祥，侯青川．货币政策、民营企业投资效率与公司期权价值［J］．经济研究，2012，47（5）：96-106.

39. 李磊，包群．融资约束制约了中国工业企业的对外直接投资吗？［J］．财经研究，2015，41（6）：120-131.

40. 刘慧龙，王成方，吴联生．决策权配置、盈余管理与投资效率［J］．经济研究，2014，49（8）：93-106.

41. 刘莉亚，何彦林，王照飞，程天笑．融资约束会影响中国企业对外直接投资吗？——基于微观视角的理论和实证分析［J］．金融研究，2015（8）：124-140.

42. 刘行，叶康涛．金融发展、产权与企业税负［J］．管理世界，2014（3）：41-52.

43. 陆正飞，祝继高，樊铮．银根紧缩、信贷歧视与民营上市公司投资者利益损失［J］．金融研究，2009（8）：124-136.

44. 罗长远，陈琳．融资约束会导致劳动收入份额下降吗？——基于世界银行提供的中国企业数据的实证研究［J］．金融研究，2012（3）：29-42.

45. 马文超，胡思玥．货币政策、信贷渠道与资本结构［J］．会计研究，2012（11）：39-48，94-95.

46. 裴长洪，郑文．国家特定优势：国际投资理论的补充解释［J］．经济研究，2011，46（11）：21-35.

47. 綦好东，曹伟，赵璨．货币政策、地方政府质量与企业融资约束——基于货币政策传导机制影响的研究［J］．财贸经济，2015（4）：32-45.

48. 邱立成，刘奎宁．融资异质性对企业对外直接投资倾向的影响——基于中国工业企业数据的检验［J］．财贸研究，2016，27（3）：47-54.

49. 全怡，梁上坤，付宇翔．货币政策、融资约束与现金股利［J］．金融研究，2016（11）：63-79.

50. 饶华春．中国金融发展与企业融资约束的缓解——基于系统广义矩估计的动态面板数据分析［J］．金融研究，2009（9）：156-164.

51. 饶品贵，姜国华．货币政策波动、银行信贷与会计稳健性［J］．金融研究，2011（3）：51-71.

52. 饶品贵，姜国华．货币政策对银行信贷与商业信用互动关系影响研究［J］．经济研究，2013a，48（1）：68-82，150.

53. 饶品贵，姜国华．货币政策、信贷资源配置与企业业绩［J］．管理世界，2013b（3）：12-22，47，187.

54. 宋献中，吴一能，宁吉安．货币政策、企业成长性与资本结构动态调整［J］．国际金融研究，2014（11）：46-55.

55. 王碧珺，谭语嫣，余淼杰，黄益平．融资约束是否抑制了中国民营企业对外直接投资［J］．世界经济，2015，38（12）：54-78.

56. 王竹泉，赵璨，王贞洁．国内外融资约束研究综述与展望［J］．财务研究，2015（3）：16-26.

57. 魏浩，何晓琳，赵春明．制度水平、制度差距与发展中国家的对外贸易发展——来自全球31个发展中国家的国际经验［J］．南开经济研究，2010（5）：18-34.

58. 谢军，黄志忠．宏观货币政策和区域金融发展程度对企业投资及其融资约束的影响［J］．金融研究，2014（11）：64-78.

59. 余淼杰，徐静．中国企业“走出去”会减少其出口吗？——浙江省企业对外直接投资与出口关系层次的实证研究［D］．北京大学中国经济研究中心工作论文，2011.

60. 张西征，刘志远，王静．货币政策影响公司投资的双重效应研究［J］．管理科学，2012，25（5）：108-119.

61. 张小溪，樊友丹．经济增长水平与中国对外直接投资——基于省级面板数据的检验［J］. 投资研究，2016，35（6）：149-160.

62. 张晓瑜，陈胤默，文雯，孙乾坤. 避免双重征税协定与企业对外直接投资——基于“一带一路”沿线国家面板数据的分析［J］. 国际经贸探索，2018，34（1）：51-67.

63. 张雪兰，何德旭. 货币政策立场与银行风险承担——基于中国银行业的实证研究（2000—2010）［J］. 经济研究，2012，47（5）：31-44.

64. 张莹，刘波. 货币政策、财政政策对我国投资行为影响的实证分析［J］. 财贸经济，2009（5）：18-23.

65. 张元钊. 东道国人类发展水平、政治风险与中国企业对外投资——基于面板 Tobit 模型的实证分析［J］. 投资研究，2017，36（4）：103-117.

66. 祝继高，陆正飞. 货币政策、企业成长与现金持有水平变化［J］. 管理世界，2009（3）：152-158，188.

67. 宗芳宇，路江涌，武常岐. 双边投资协定、制度环境和企业对外直接投资区位选择［J］. 经济研究，2012，47（5）：71-82，146.

第八章

孔子学院与中国企业对外直接投资：基于“一带一路”沿线国家视角[①]

① 本章内容已发表。陈胤默，孙乾坤，张晓瑜．孔子学院促进中国企业对外直接投资吗——基于“一带一路”沿线国家面板数据的分析［J］．国际贸易问题，2017（8）：84-95.

从母国文化助推视角，本章考察了孔子学院对我国企业在“一带一路”沿线国家直接投资的影响。基于2004—2014年我国A股非金融类上市企业数据，采用区位选择Logit模型进行研究，结果发现：第一，孔子学院对我国企业到“一带一路”沿线国家的直接投资具有积极的促进作用；第二，孔子学院有利于促进中华文化的传播与交流，降低中国与东道国文化距离的负面影响；第三，孔子学院对我国企业在“一带一路”沿线与我国签订双边投资协定国家的直接投资的促进作用更为显著。进一步研究发现，孔子学院还通过影响留学生来华学习，进一步促进了我国企业对“一带一路”沿线国家的直接投资。

一、引言

伴随着经济全球化的深入，我国对外直接投资呈快速增长势头，对“一带一路”沿线国家的直接投资也进入了黄金增长时期。然而，随着我国对“一带一路”沿线国家直接投资规模的不断扩大，投资过程中所遭遇的风险也日益突出，尤其是由多元文化冲突而引起的文化差异风险已成为我国对“一带一路”沿线国家直接投资企业面临的主要风险之一。

文化差异对我国企业在“一带一路”沿线国家投资的经营理念和跨文化管理形成严峻挑战。因此，我国政府采取了多种积极措施开展对外人文交流活动，以助力本国企业“走出去”。其中，孔子学院的开办正是我国为发挥“主动”文化助推作用、提升自身文化软实力而实施的一项重大举措，它对促进我国与“一带一路”沿线国家文化融合、化解两国间文化差异、强化双方经贸人文合作有着深远影响。一方面，孔子学院通过在东道国进行汉语言文化的传播与培训，增进了东道国人民对中华文化的认同，降低了文化差异所致的交易成本；另一方面，孔子学院通过在东道国组织和举办由政界领袖和商界精英参与的各类商务活动，加强了中外双方在共享贸易信息、搭建交流与对话平台等方面的长期合作关系，减少了由文化差异带来的信息不对称等方面的问题。自2004年至2016年底，我国已在“一带一路”沿线的51个国家建立了1134所孔子学院和127个中小学孔子课堂，注册学员达46万人，开展各类文化活动近8000场，受众270万人。

孔子学院的快速发展已成为学术界关注的焦点话题。有部分学者（连大祥，2013；谢孟军，2016）针对孔子学院对文化产品出口及出口贸易的影响展开过具体研究，也有部分学者（许陈生和王永红，2016；谢孟军，2017）针对孔子学院对企业OFDI的影响进行了实证分析和考察，然而鲜有关于孔子学院对OFDI背后影响机制的深入探讨。尤其是在“一带一路”倡议逐步推进和落实的背景下，孔子学院又是通过何种机制来深入影响我国企业对“一带一路”沿线国家的直接投资的？鉴于此，本章将在现有文献的基础上，结合2004—2014年我国在“一带一路”沿线65个国家直接投资的微观企业层面数据，对孔子学院如何促进我国企业到“一带一路”沿线国家投资的影响机制和路径展开详细研究，在理论上为理解中国特色OFDI行为提供一个新的视角，在实践上为更好地发挥文化交流助力“一带一路”倡议实施提供决策参考。

二、文献回顾与假设提出

（一）文献回顾

伴随着经济全球化进程，不同国家间的多元文化差异已成为影响企业进行 OFDI 的重要因素之一，并越来越受到诸多学者的关注。近年来，学者们分别运用不同的分析方法，从不同的角度展开了文化差异对 OFDI 影响的相关研究，然而得出的结论并不完全一致，主要体现为三个方面的观点：第一，文化差异对 OFDI 有促进作用。文化差异的存在导致各国在生产模式、比较优势和需求偏好等方面的不同，为 OFDI 带来了更多的投资机会。这不仅有利于跨国企业进行市场细分，也有利于跨国企业形成独特的“文化垄断优势”（Lankhuizen et al.，2011）。第二，文化差异对 OFDI 具有显著的阻碍作用。文化差异的存在会导致国家间产生较大的文化冲突，从而增加企业在东道国进行 OFDI 的交易成本，导致东道国所吸收的外商直接投资减少（Kang & Jiang，2012）。第三，文化差异与 OFDI 之间存在着非线性关系。殷华方和鲁明泓（2011）认为文化差异和国际直接投资流向之间存在着一定程度上的“文化距离悖论”，两者之间呈现出非线性的水平 S 型曲线关系。綦建红等（2012）认为文化差异对 OFDI 的影响存在着门槛效应，即较小的文化差异可以促进 OFDI，而当文化差异达到某一临界值之后，文化差异越大，其对 OFDI 的影响越不明显。

基于此，也有部分学者针对孔子学院如何助推两国之间的经贸文化联系、降低两国之间的文化差异负面影响展开了不同视角的学术研究，取得了一定的成果，主要集中在两个方面：第一，孔子学院对出口的影响。连大祥（2013）基于美国各州数据研究了孔子学院对出口贸易的影响，发现每一所孔子学院的设立都会给当地州带来 5%～6%的出口增长。谢孟军（2016）基于

"一带一路"沿线国家的统计数据展开实证研究，发现孔子学院对我国向"一带一路"沿线国家的出口有显著的促进作用。第二，孔子学院对OFDI的影响。连大祥（2012）研究发现孔子学院对OFDI有正向促进作用，相对于出口贸易，孔子学院对OFDI的影响更加显著。许陈生和王永红（2016）认为孔子学院通过文化交流互鉴降低了中外文化差异的负面影响，显著地促进了中国企业在东道国的直接投资。谢孟军（2017）认为孔子学院作为我国文化"走出去"的典型代表，对我国企业"走出去"表现出了显著的投资推动效应，同时存在着明显的经济差异性和洲际差异性。此外还有更多的研究发现，对比发达国家，在发展中国家设立孔子学院对我国企业OFDI的促进作用更大（Lien et al.，2012；Akhtaruzzaman et al.，2017）。

本章试图讨论孔子学院是否促进了我国企业到"一带一路"沿线国家的直接投资。与现有文献相比，本章的贡献主要在于：首先，已有文献（连大祥，2012；许陈生和王永红，2016；谢孟军，2016）指出了孔子学院对OFDI及出口有积极的促进作用，但对孔子学院内部作用机理的研究还不够深入。本章重点从文化距离和双边投资协定的视角分析并实证检验了孔子学院对我国向"一带一路"沿线国家OFDI的影响路径，并进一步采用中介效应检验模型测试了孔子学院如何通过促进留学生来华交流学习来进一步促进我国企业对"一带一路"沿线国家OFDI的作用机理，研究结果将更具有现实意义。其次，有关OFDI影响因素的文献多是从东道国的视角展开，体现为东道国的区位因素（鲁桐和党印，2015）、制度环境（Rodolphe & Vicard，2009；宗芳宇等，2012）、政策导向（裴长洪和郑文，2011）等方面。其中，作为制度环境影响因素之一的文化因素，也多是侧重于研究东道国的文化差异对OFDI区位选择的影响，较少有从母国文化助推视角研究OFDI影响因素的文献。本章借助作为国家"主动"文化助推作用代表的孔子学院，从母国文化助推视角来研究跨文化传播对企业进行OFDI的直接影响，以及母国的跨文化传播与东道国其他因素的交互关系对企业进行 OFDI 的影响，是对以往文献的有力补充。最后，本章为新常态下我国企业走向“一带一路”沿线国家的影响因素研究提供了一个崭新视角，对于深刻理解孔子学院的经贸效果及指导“一带一路”的软力量建设有着重要的理论价值和实践意义。

（二）假设提出

孔子学院可以降低文化差异对 OFDI 的负面影响，具体影响路径如下：第一，孔子学院可以提供汉语言培训。“一带一路”沿线国家使用的语言并不统一，企业在 OFDI 的过程中会面临着语言沟通不畅的问题，而孔子学院则可以为“一带一路”沿线国家的中资企业本土员工提供语言和职业技能培训，使双方员工能够使用同一种语言沟通交流，从而降低由语言不通产生的交易成本。第二，孔子学院可以发挥智库作用。孔子学院能为我国与“一带一路”沿线国家的人文交流、经贸往来等领域合作提供信息服务和政策咨询，从而降低了企业 OFDI 过程中的信息不对称问题。第三，孔子学院可以发挥文化交融作用。孔子学院可以增强东道国国民对中华文化的认同，吸引东道国主动融合中华文化。在“一带一路”沿线国家设立孔子学院不仅可以保持多元文化融合及生态平衡，还可以促进不同民族间的文化沟通交流（吴明海，2015），从而减少我国企业对外直接投资中的外在环境阻力，降低交易成本。第四，孔子学院可以提供外交功能。党和国家领导人出国访问通常会出席孔子学院活动，国内外商界精英出席孔子学院的活动也日益增多。通过相关媒体对这些活动的报道及正面宣传，可以提高东道国对我国政府和企业的认知度，从而降低国际市场的信息不对称问题。据此，提出假设 1：

假设 1：孔子学院的设立对我国企业到“一带一路”沿线国家直接投资有正向的促进作用。

两国间的文化距离会影响 OFDI 的投资决策，不同的文化距离对孔子学院发挥作用的影响不同。文化距离体现在文化相近与文化差异两个维度。对文化距离小的国家，文化相近可以促进两国的经贸往来，“文化亲近”型国家更容易开展双边或多边贸易（Straubhaar & Viscasillas，1991），国家间的文化亲近度越大，贸易量也越大（臧新等，2012）；对文化距离大的国家，文化差异则会导致“文化折扣”现象，对国际经贸往来有负向影响。张建红（2004）把华人华侨人口占投资国总人口的比重作为衡量投资国与中国文化差异的代理变量（该比重越小，文化差异越大），发现文化差异与投资国对中国的投资强度成反比。Quer 等（2012）研究发现，海外华人华侨数量有利于降低国家间文化差异给中国企业对外直接投资带来的负面影响。华人华侨比重越高，文化距离越小，越有利于加强当地人对中华文化的认同，促进不同文化间的相互理解，进而促进中国企业在海外的长期稳定发展。由此可以看出，当文化距离较小时，孔子学院对 OFDI 的促进作用将会减弱，反之亦然。据此，提出假设2：

假设 2：当“一带一路”沿线国家与我国文化距离较大时，孔子学院对我国企业到该国进行 OFDI 的促进作用更为显著。

孔子学院作为非正式的文化制度安排，其作用的发挥会依赖于一定的正式制度安排（如双边投资协定，简称 BIT）。BIT 是国家间为鼓励、促进和保护本国公民在对方境内的投资而签署的双边条约，是签约国双方促进投资的专门性协议，作为两国间的正式制度安排会对 OFDI 产生正向的影响（Guerin，2010；宗芳宇等，2012）。其作用机制如下：首先，BIT 规定签约国的投资不能遭受不公平或歧视性待遇，在东道国的收益可以随时汇出，这为 OFDI 在东道国的投资经营提供了有力保障。其次，为了保护 OFDI 在东道国的产权，BIT 要求东道国不能非法强制征收签约国的投资。最后，企业资产在东道国遭受的损失可以得到相应赔偿。另外有学者发现 BIT 的签订可以弥补东道国的制度环境不足，BIT 效果与东道国良好的制度互为补充（Rodolphe & Vicard，2009；张鲁青，2009）。可见，非正式的文化制度效果的发挥有赖于正式制度安排。当两国间签订 BIT 时，在正式制度安排下，孔子学院的非正式文化制度将对 OFDI 的促进作用更加显著。据此，提出假设 3：

假设 3：当“一带一路”沿线国家与我国签订 BIT 时，孔子学院对我国企业到该国进行 OFDI 的促进作用更强。

三、研究设计

（一）样本选择与数据来源

本章所使用的初始样本为 2004—2014 年我国在“一带一路”沿线 65 个国家（地区）[①] 进行对外直接投资的 A 股非金融类上市企业数据。其中，2004 年是全球首家孔子学院的成立时间，2014 年是我们可获得的本数据的最新年份。本章对该数据做了如下处理：①剔除存在缺失值的观测值；②剔除金融类上市企业。最终得到的样本数据有 180 家上市企业。

（二）变量选择

1. 因变量

因变量 *OFDI* 是一个哑变量。若企业 i 第 t 年在“一带一路”沿线国家 j 新建立一家及以上的海外子公司，则因变量取值为 1，否则为 0。

2. 核心解释变量

（1）孔子学院。该变量用第 t 年在 j 国设立的孔子学院数量表示。在“一带一路”沿线的 65 个国家（地区）中，我国已在 51 个国家（地区）建立孔

① “一带一路”沿线 65 个国家（地区）为：新加坡、马来西亚、印度尼西亚、缅甸、泰国、老挝、柬埔寨、越南、文莱、菲律宾、伊朗、伊拉克、土耳其、叙利亚、约旦、黎巴嫩、以色列、巴勒斯坦、沙特阿拉伯、也门、阿曼、阿联酋、卡塔尔、科威特、巴林、希腊、塞浦路斯、埃及的西奈半岛、印度、巴基斯坦、孟加拉国、阿富汗、斯里兰卡、马尔代夫、尼泊尔、不丹、哈萨克斯坦、乌兹别克斯坦、土库曼斯坦、塔吉克斯坦、吉尔吉斯斯坦、俄罗斯、乌克兰、蒙古、白俄罗斯、格鲁吉亚、阿塞拜疆、亚美尼亚、摩尔多瓦、波兰、立陶宛、爱沙尼亚、拉脱维亚、捷克、斯洛伐克、匈牙利、斯洛文尼亚、克罗地亚、波黑、黑山、塞尔维亚、阿尔巴尼亚、罗马尼亚、保加利亚、马其顿。

子学院，仍有 14 个国家暂未建立孔子学院①。数据取自国家汉办/孔子学院总部历年系列《年度报告》。考虑到全球大部分的孔子课堂在管理上都从属于当地孔子学院，因而本研究仅考察各国孔子学院的实际数量。

（2）文化距离。参照张建红（2004）的方法，使用华人华侨比重的虚拟变量来度量文化距离，当东道国的华人华侨占当地总人口的比重超过 1%时，取值为 1，否则为 0。

（3）双边投资协定。如果我国与国家 j 在第 t 年以前签订了双边投资协定，则取值为 1，否则取 0。

3. 控制变量

为提高模型的准确性和更好地揭示孔子学院对我国企业到“一带一路”沿线国家直接投资的影响，本章在借鉴前人已有研究成果的基础上，选择了东道国关税水平、市场规模、自然资源禀赋、地理距离、企业性质、资产收益率、企业规模作为模型的控制变量。

表 8-1　主要变量定义

变量类型	变量名称	符号	变量定义	数据来源
因变量	企业对外直接投资	OFDI	企业 i 第 t 年在“一带一路”沿线国家 j 新建了一家以上的海外子公司，则取值为 1，否则取 0	商务部
核心解释变量	孔子学院	CI	第 t 年在 j 国设立孔子学院的数量	国家汉办/孔子学院总部历年系列《年度报告》
	文化距离	Culture	第 t 年在 j 国华人华侨占总人口的比重超过 1%时取 1，否则取 0	国家统计局
	双边投资协定	BIT	我国与 j 国在第 t 年以前签订了 BIT，则取值为 1，否则取 0	商务部

① “一带一路”沿线尚未建立孔子学院的 14 个国家为：文莱、伊拉克、叙利亚、巴勒斯坦、沙特阿拉伯、也门、阿曼、卡塔尔、科威特、马尔代夫、不丹、乌兹别克斯坦、土库曼斯坦、波黑。

续表

变量类型	变量名称	符号	变量定义	数据来源
控制变量	东道国关税水平	*Tariff*	各国关税水平采用未加权重的关税税率计算，公式为：$(V_{max}-V_i)/(V_{max}-V_{min})\times 10$。其中，$V_{max}$和$V_{min}$代表最高和最低关税税率，并分别设定为50%和0%；V_i代表该国的平均关税税率，该值越高，此得分越小，当该国的关税税率上升到50%时，该指标得分为0	The Fraser 组织出版的 *Economic Freedom of the World*
	市场规模	*Market*	东道国每年实际GDP（现值美元）的自然对数	联合国贸发会议数据库
	自然资源禀赋	*Nature*	东道国矿产及燃料资源出口占东道国货物商品总出口的比重	WTO贸易统计数据库
	地理距离	*Distance*	北京到各东道国首都的直线距离的自然对数	法国国际预测研究中心（CEPII）数据库
	企业性质	*Owner*	如果企业是国有控股，则取1，否则取0	国泰安数据库
	资产收益率	*ROA*	息税后利润与总资产的比值	国泰安数据库
	企业规模	*Size*	企业总资产的自然对数	国泰安数据库

（三）研究模型

本章以区位选择的Logit模型为基准，设定具体的实证模型如下：

$$OFDI_{ijt}=\beta_0+\beta_1 CI_{jt}+\sum Control+\varepsilon \tag{1}$$

$$OFDI_{ijt}=\beta_0+\beta_1 Culture_{jt}+\sum Control+\varepsilon \tag{2}$$

$$OFDI_{ijt}=\beta_0+\beta_1 BIT_{ijt}+\sum Control+\varepsilon \tag{3}$$

$$OFDI_{ijt}=\beta_0+\beta_1 CI_{jt}+\beta_2 Culture_{jt}+\beta_3 CI_{jt}\times Culture_{jt}+\sum Control+\varepsilon \tag{4}$$

$$OFDI_{ijt} = \beta_0 + \beta_1 CI_{jt} + \beta_2 BIT_{ijt} + \beta_3 CI_{jt} \times BIT_{ijt} + \sum Control + \varepsilon \quad (5)$$

其中，i 表示企业个体，t 表示年份，j 表示东道国，ε 表示随机误差项。$OFDI_{ijt}$为企业 i 在第 t 年对 j 国的对外直接投资情况；CI_{jt}为孔子学院数量；$Culture_{jt}$为文化距离；BIT_{ijt}表示企业 i 在第 t 年到 j 国进行投资时，中国是否与其签订双边投资协定；$Control$ 为控制变量，包括 j 国在第 t 年的东道国关税水平、市场规模、自然资源禀赋、地理距离，以及企业 i 在第 t 年的财务状况（企业性质、资产收益率、企业规模）。基于前文理论分析部分的假设，建立模型（1）来检验孔子学院对 OFDI 的影响，建立模型（4）来检验孔子学院与文化距离的交互关系对 OFDI 的影响，建立模型（5）来检验孔子学院与双边投资协定的交互关系对 OFDI 的影响。为了更好地说明孔子学院与文化距离及双边投资协定交互关系对 OFDI 的影响，本章分别建立模型（2）和模型（3）对文化距离和双边投资协定进行单独检验。

本章采用非平衡面板数据，经过豪斯曼（Hausman）检验，确定应该采用固定效应模型而非随机效应模型。其后，进一步利用方差膨胀因子（VIF）进行检验，发现各个变量的方差膨胀因子均小于 10，表明不存在严重的多重共线性问题。变量的描述性统计见表 8-2。

表 8-2 主要变量描述性统计

变量	样本数量	均值	标准差	最小值	中位数	最大值
企业对外直接投资	3267	0.25	0.43	0.00	0.00	1.00
孔子学院	3267	2.51	3.04	1.00	2.00	18.00
双边投资协定	3267	0.42	0.49	0.00	0.00	1.00
文化距离	3267	0.62	0.49	0.00	1.00	1.00
东道国关税水平	3267	8.44	1.50	3.56	8.41	10.00
市场规模	3267	26.36	2.14	19.72	26.40	30.49
自然资源禀赋	3267	0.20	0.40	0.00	0.07	6.42

续表

变量	样本数量	均值	标准差	最小值	中位数	最大值
地理距离	3267	8.44	0.69	6.86	8.41	9.87
企业性质	3267	0.50	0.50	0.00	0.00	1.00
资产收益率	3267	0.03	0.24	-0.74	0.04	0.56
企业规模	3267	23.06	1.87	16.70	22.79	28.41

四、实证分析与结果

表 8-3 中，模型（1）检验了孔子学院对 OFDI 的影响，其回归系数在 1%水平上显著为正，支持了假设 1。说明孔子学院对于我国企业到“一带一路”沿线国家进行 OFDI 有显著的促进作用。模型（2）检验了 BIT 对 OFDI 的影响，其回归系数也在 1%的水平上显著为正，说明与东道国签订 BIT，可以促进我国企业对“一带一路”沿线国家的直接投资，该结果与宗芳宇等（2012）的研究发现一致。模型（3）检验了文化距离对 OFDI 的影响，其回归系数为负值，但并不显著，说明东道国的华人华侨比重对中国到“一带一路”沿线国家进行 OFDI 的影响不大。其可能的原因是我国在“一带一路”沿线国家的投资多是以市场寻求型和资源导向型为主，较少将华人华侨比重作为主要的考虑因素。总体而言，以上实证结论支持了假设 1，表明孔子学院的设立对我国企业到“一带一路”沿线国家的直接投资有正向的促进作用。

表 8-3 中，模型（4）报告了不同文化距离下，孔子学院对 OFDI 的影响。从实证结果来看，孔子学院与文化距离交互项的系数为负值，且在 1%的水平上显著。这表明，中国企业在对“一带一路”沿线国家进行直接投资的过程中，孔子学院与文化距离两者对 OFDI 的影响存在着一定程度的替代关

系，该结论证实了假设 2。

表 8-3 中，模型（5）报告了孔子学院与双边投资协定的交互关系对 OFDI 的影响。检验结果显示，孔子学院与双边投资协定的交互项系数为正值，且在 10%的水平上显著。这表明，我国企业在对“一带一路”沿线国家进行直接投资时，孔子学院与双边投资协定两者对 OFDI 的影响存在一定程度上的互补关系，对于已与我国签订双边投资协定的国家，孔子学院对我国企业进行 OFDI 的促进作用会更强。该结论证实了假设 3。

表 8-3 基本实证检验结果

变量	模型（1）	模型（2）	模型（3）	模型（4）	模型（5）
	OFDI	*OFDI*	*OFDI*	*OFDI*	*OFDI*
孔子学院	0.572***			0.201***	0.370***
	(0.197)			(0.019)	(0.022)
双边投资协定		1.541***			0.659*
		(0.380)			(0.350)
文化距离			-0.279	-0.702*	
			(0.250)	(0.409)	
孔子学院×文化距离				-0.189***	
				(0.058)	
孔子学院×双边投资协定					0.113*
					(0.059)
东道国关税水平	-0.061	-0.234***	-0.079	-0.190*	-0.508***
	(0.088)	(0.072)	(0.089)	(0.097)	(0.074)
市场规模	0.966	3.262*	0.322	3.426*	4.115**
	(1.380)	(1.886)	(1.529)	(1.948)	(1.942)
自然资源禀赋	1.236***	0.613**	0.392**	0.644**	0.846***
	(0.211)	(0.246)	(0.176)	(0.255)	(0.269)
地理距离	-2.882***	-3.089***	-3.519***	-3.302***	-2.710***
	(0.158)	(0.177)	(0.172)	(0.188)	(0.247)
企业性质	0.260	0.137	0.057	0.122	0.466**
	(0.203)	(0.210)	(0.183)	(0.192)	(0.237)

续表

变量	模型（1）	模型（2）	模型（3）	模型（4）	模型（5）
	OFDI	*OFDI*	*OFDI*	*OFDI*	*OFDI*
资产收益率	-2.487	0.054	0.092	-2.487	0.046
	(1.529)	(0.136)	(0.347)	(1.529)	(0.355)
企业规模	0.056	0.197***	0.122**	0.240***	0.224***
	(0.047)	(0.055)	(0.049)	(0.057)	(0.056)
常数项	18.821***	23.953***	45.812***	26.264***	27.463***
	(4.597)	(6.340)	(5.243)	(6.388)	(7.505)
国家固定效应	Yes	Yes	Yes	Yes	Yes
年度固定效应	Yes	Yes	Yes	Yes	Yes
行业固定效应	Yes	Yes	Yes	Yes	Yes
观测值	3267	3267	3267	3267	3267
Pseudo R^2	0.670	0.612	0.673	0.686	0.661

注：①括号外数值为系数，括号内数值为标准误差，***、**、*分别表示在1%、5%、10%的水平上显著。②所有连续变量进行了1%和99%的缩尾处理。

五、进一步研究

孔子学院的作用可体现为在东道国内的文化传播交流和在国家间的文化传播交流两个方面。在东道国内，孔子学院可以宣扬中华文化，为当地学生提供汉语教学服务，提高当地人的中文素养，为在当地投资的中资企业提供员工汉语培训等。当前诸多学者对孔子学院所发挥的经贸促进作用也多是从这个角度展开探讨。然而，关于孔子学院如何通过促进国家间人才交流而进一步促进两国经贸往来的研究还相对较少，这值得进一步分析和探索。

在海外设立的孔子学院多是以与国内高校合作的形式开展的，积极地带动了本学校、本地区与“一带一路”沿线国家的友好省州在教育、经贸、人文等各领域的深入合作，吸引了“一带一路”沿线国家的留学生以孔子学院为依托到中国留学，接受更为全面的汉语及汉语言文化教育，学成之后归国服务于当地经济的发展。教育部数据显示，“一带一路”沿线国家已成为来华留学的发力点①。基于此，本章提出孔子学院对OFDI作用机制的另一个解释：孔子学院通过促进国家间留学生的交流学习，进一步促进了企业的对外直接投资。

本章参考Baron和Kenny（1986）的Sobel中介因子检验方法，构建中介效应检验模型Path A、Path B、Path C：

$$OFDI_{ijt} = \beta_0 + \beta_1 CI_{jt} + \sum Control + \varepsilon \qquad \text{(Path A)}$$

$$Student_{jt} = \alpha_0 + \alpha_1 CI_{jt} + \sum Control + \varepsilon \qquad \text{(Path B)}$$

$$OFDI_{ijt} = \beta_0 + \beta_1 CI_{jt} + \beta_2 Student_{jt} + \sum Control + \varepsilon \qquad \text{(Path C)}$$

其中，Path A为*OFDI*与孔子学院的回归模型，与前文一致；Path B为来华留学生$Student_{jt}$与孔子学院的回归模型；Path C为*OFDI*与孔子学院及来华留学生的回归模型。$Student_{jt}$表示在第t年从j国到中国的留学生人数，数据来源于《中国教育年鉴》。其余变量与前文一致，不再赘述。

依据Baron和Kenny（1986）的研究方法，来华留学生对孔子学院与OFDI之间的关系是否具有中介效应的检验可分三步展开。第一步，通过基本回归模型（不添加来华留学生指标$Student_{jt}$）检验孔子学院CI_{jt}对企业对外直接投资$OFDI_{ijt}$的影响，观察Path A的回归系数β_1；第二步，检测孔子学院CI_{jt}对来华留学生$Student_{jt}$的影响，观察Path B的回归系数α_1；第三步，同时检测孔子学院CI_{jt}与来华留学生$Student_{jt}$对企业对外直接投资$OFDI_{ijt}$的影响，观察Path C的回归系数β_1和β_2。此时，由回归系数可以检验是否存在完全中介效应或是部分中介效应。若Path A的回归系数β_1、Path B的回归系数α_1及

① 教育部网站，http：//www.moe.edu.cn/jyb_xwfb/gzdt_gzdt/s5987/201604/t20160414_ 238263.html。

Path C 的回归系数 β_2 显著，Path C 的回归系数 β_1 不显著，同时 Sobel Z 值在统计上显著，则来华留学生指标 $Student_{jt}$ 具有完全中介效应。若 Path A 的回归系数 β_1、Path B 的回归系数 α_1、Path C 的回归系数 β_1 和 β_2 都显著，但 Path C 的回归系数 β_1 显著低于 Path A 的回归系数 β_1，同时 Sobel Z 值在统计上显著，则来华留学生指标 $Student_{jt}$ 具有部分中介效应。

表 8-4 中介效应检验结果

Path A（不含中介因子检验）	
自变量	因变量
名称	OFDI
孔子学院	0.572***
	(0.197)
控制变量	Yes
国家、年份、行业固定效应	Yes
观测值	3267
Pseudo R^2	0.670
Path B（中介因子检验）	
自变量	因变量
名称	来华留学生
孔子学院	0.362***
	(0.020)
控制变量	Yes
国家、年份、行业固定效应	Yes
观测值	3267
Pseudo R^2	0.652
Path C（包含中介因子检验）	
自变量	因变量
名称	OFDI
孔子学院	0.216*
	(0.129)

续表

Path C（包含中介因子检验）	
来华留学生	0.412***
	（0.110）
控制变量	Yes
国家、年份、行业固定效应	Yes
观测值	3267
Pseudo R^2	0.687
Sobel Z	3.667***
Sobel Z 对应的 P 值	0.000

注：①括号外数值为系数，括号内数值为标准误差，***、**、*分别表示在1%、5%、10%的水平上显著。②所有连续变量进行了1%和99%的缩尾处理。

表8-4是中介效应检验结果，在Path A中，孔子学院的回归系数为0.572，且在1%的水平上显著。在Path B中，来华留学生对孔子学院的回归系数为0.362，且在1%的水平上显著，表明孔子学院与来华留学生有显著的正向关系，孔子学院会促进所在国留学生来华学习。在Path C中，当把来华留学生放入基本模型时，孔子学院的回归系数降低为0.216，显著性水平也有所降低。最后的Sobel Z检验为3.667，在1%的水平上显著。以上结果表明，孔子学院对OFDI的促进作用在人员交流（促进留学生来华学习）路径上存在着部分中介效应。

六、稳健性检验

为检测结果的稳健性，本章进行了如下分析：①倾向评分匹配法（PSM）稳健性检验。参考De Loecker（2007）的方法，定义了OFDI企业和非OFDI企业两组，并将OFDI企业作为实验组，非OFDI企业作为对照组，基于此，利用倾向评分匹配法将实验组与对照组中的企业进行匹配，得到配对成功样本1460组。然后使用此配对样本对模型进行回归分析。②文化距离指标的稳健性检验。参考 Kogut 和 Singh（1988）的方法，从权力距离、集体/个人主义、男性/女性以及不确定性规避四个维度来度量文化距离，并将其作为华人华侨比重的替代指标进行回归分析。以上两种检验结果①均与前文保持了高度一致性，从而进一步支持了本章假设，说明结论是可靠的。

七、研究结论

本章基于 2004—2014 年我国 A 股非金融类上市企业的对外直接投资数据，研究了孔子学院对我国上市企业到“一带一路”沿线国家直接投资的影响。研究发现：总体上孔子学院对我国企业到“一带一路”沿线国家的直接投资有正向促进作用；在与我国文化差异较大的国家，孔子学院对我国 OFDI 的促进作用更加显著；在与我国签订 BIT 的国家，孔子学院对我国 OFDI 的促进作用更强。之后又通过渠道测试检验发现：孔子学院对来华留学生的正向促进作用进一步地促进了我国对“一带一路”沿线国家的 OFDI。本章从来华留学生的角度研究了孔子学院对 OFDI 的影响路径，从而为孔子学院对我国 OFDI 的影响机制提出了一个新的解释。

本章的结论有如下政策启示：第一，母国对外人文交流的积极举措，有助于促进我国与“一带一路”沿线国家的经贸往来，政府应当重视文化传播和交流合作的先行地位，为我国企业“走出去”奠定“民心相通”的文化和价值观认同的基础。第二，政府在建立孔子学院时，应注意更加科学地选址和布局，可在“一带一路”沿线与我国文化差异较大的国家设立相对较多的孔子学院或孔子课堂，以弥补文化差异过大给我国企业 OFDI 带来的负面影响。第三，注重与更多的“一带一路”沿线国家签订高标准的双边投资协定，以充分发挥孔子学院（非正式文化制度）和双边投资协定（正式制度）两者

① 受篇幅所限，回归结果在此不予列出，如有读者需要，可向作者索取。

对于促进我国 OFDI 的互补功能。第四，扩大孔子学院对“一带一路”沿线国家来华留学生的奖学金资助面，鼓励更多的留学生来华学习，进而通过部分中介效应促进我国企业的对外直接投资。

参考文献

1. Akhtaruzzaman M, Berg N, Lien D. Confucius institutes and FDI flows from China to Africa [J]. China Economic Review, 2017, 44: 241-252.

2. Baron R M, Kenny D A. The moderator-mediator variable distinction in social psychological research: Conceptual, strategic, and statistical considerations [J]. Journal of Personality and Social Psychology, 1986, 51 (6): 1173.

3. De Loecker J. Do exports generate higher productivity? evidence from Slovenia [J]. Journal of International Economics, 2007, 73 (1): 69-98.

4. Guerin S. Do the European Union's bilateral investment treaties matter? The way forward after Lisbon [J]. Social Science Electronic Publishing, 2014.

5. Kang Y, Jiang F. FDI location choice of Chinese multinationals in East and Southeast Asia: Traditional economic factors and institutional perspective [J]. Journal of World Business, 2012, 47 (1): 45-53.

6. Kogut B, Singh H. The effect of national culture on the choice of entry mode [J]. Journal of International Business Studies, 1988, 19 (3): 411-432.

7. Lankhuizen M, De Groot H L F, Linders G J M. The trade-off between foreign direct investments and exports: The role of multiple dimensions of distance [J]. The World Economy, 2011, 34 (8): 1395-1416.

8. Lien D, Oh C H, Selmier W T. Confucius institute effects on China's trade and FDI: Isn't it delightful when folks afar study Hanyu? [J]. International Review of Economics & Finance, 2012, 21 (1): 147-155.

9. Quer D, Claver E, Rienda L. Political risk, cultural distance, and outward foreign direct investment: Empirical evidence from large Chinese firms [J]. Asia Pacific Journal of Management, 2012, 29 (4): 1089-1104.

10. Rodolphe D, Vicard V. Foreign direct investment and bilateral investment treaties: An international political perspective [J]. Journal of Comparative Economics, 2009, 37 (3): 372-386.

11. Straubhaar J D, Viscasillas G M. Class, genre, and the regionalization of television programming in the Dominican Republic [J]. Journal of Communication, 1991, 41 (1): 53-69.

12. 谢孟军. 文化能否引致出口：“一带一路”的经验数据 [J]. 国际贸易问题, 2016 (1): 3-13.

13. 谢孟军. 文化“走出去”的投资效应研究：全球1326所孔子学院的数据 [J]. 国际贸易问题, 2017 (1): 39-49.

14. 许陈生, 王永红. 孔子学院对中国对外直接投资的影响研究 [J]. 国际商务（对外经济贸易大学学报）, 2016 (2): 58-68.

15. 鲁桐, 党印. 投资者保护、行政环境与技术创新：跨国经验证据 [J]. 世界经济, 2015, 38 (10): 99-124.

16. 吴明海. “一带一路”与孔子学院 [J]. 文化学刊, 2015 (3): 175-176.

17. 连大祥. 孔子学院对中国出口贸易及对外直接投资的影响 [J]. 中国人民大学学报, 2012, 26 (1): 88-98.

18. 连大祥. 美国孔子学院对中国出口贸易的影响——基于美国各州的分析 [J]. 上海金融学院学报, 2013 (1): 98-107.

19. 綦建红, 李丽, 杨丽. 中国OFDI的区位选择：基于文化距离的门槛效应与检验 [J]. 国际贸易问题, 2012 (12): 137-147.

20. 臧新，林竹，邵军．文化亲近、经济发展与文化产品的出口——基于中国文化产品出口的实证研究［J］．财贸经济，2012（10）：102–110.

21. 宗芳宇，路江涌，武常岐．双边投资协定、制度环境和企业对外直接投资区位选择［J］．经济研究，2012，47（5）：71–82，146.

22. 裴长洪，郑文．国家特定优势：国际投资理论的补充解释［J］．经济研究，2011，46（11）：21–35.

23. 殷华方，鲁明泓．文化距离和国际直接投资流向：S 型曲线假说［J］．南方经济，2011（1）：26–38.

24. 张鲁青．双边投资协定对发展中国家吸引 FDI 的影响——基于面板数据的实证研究［J］．财经科学，2009（9）：26–33.

25. 张建红．投资国特征及其对华投资强度的研究［J］．世界经济，2004（1）：16–22.

重要术语索引